1 000 idées pour repenser son intérieur

1 000 idées pour repenser son intérieur

ÉDITIONS
PLACE DES
VICTOIRES

ISBN : 978-2-8099-0026-2
Dépôt légal : 4e trimestre 2008
Imprimé en Chine

Projet éditorial :
2008 © LOFT Publications
Via Laietana, 32, 4.º, Of. 92 - 08003 Barcelona, Espagne
Tél.: +34 932 688 088 - Fax: +34 932 687 073
loft@loftpublications.com
www.loftpublications.com

Direction artistique : Mireia Casanovas Soley
Coordination éditoriale : Simone Schleifer
Editrice: Mariana R. Eguaras Etchetto
Textes : Daniela Santos Quartino
Maquette : Esperanza Escudero
Coordination des traductions : Equipo de Edición, Barcelone
Traductions : Katrin Kügler (allemand), Rachel Sarah Burden et Geoffrey Kealty (anglais), Éditions 360 (français), Persklaar (néerlandais)

Sommaire

8 Introduction

10 Escaliers et vestibules

96 Salons

184 Salles à manger

272 Cuisines

376 Salles de bain

476 Chambres

580 Bureaux à domicile

668 Répertoire

Le design contemporain est plus que jamais déterminé par le binôme esthétique-fonctionnalité. Dans les pièces modernes, la décoration excessive a cédé la place à une disposition intelligente des espaces, et le mobilier aux lignes épurées répond à des besoins très concrets. Quel que soit l'espace dont on dispose, il doit y régner l'équilibre et l'harmonie, indispensables pour faire face au rythme agité de la vie d'aujourd'hui et répondre au besoin de faire de la maison une source de bien-être.

TREPPEN UND HAUSFLURE

STAIRS & HALLWAYS

ESCALIERS ET VESTIBULES

TRAPPEN EN GANGEN

Modernes Design hat bis in die letzte Ecke des Hauses Einzug gehalten: Auch in Durchgangsbereichen, die in Harmonie zur restlichen Einrichtung stehen sollen, wird Wert auf eine geschmackvolle Gestaltung gelegt. Treppen, Eingangsbereiche und Hausflure stehen hinsichtlich ihres Designs anderen Räumen in nichts nach. Bei der Gestaltung von Treppen ist dank des Einsatzes von Stahl, Glas und behandeltem Holz ein innovativer Wandel zu beobachten: Sie sind zu Kunstwerken geworden und setzen neue architektonische Maßstäbe.

Design has taken over in every corner of the home and transitional areas are updated in line with the style of the surroundings. Staircases, corridors and hallways now have their own identity which places them, as never before, in the category of decorative structural elements. Staircases reflect the greatest innovations, with the use of materials such as steel, glass or treated wood. They form truly sculptured features and set a standard for these areas.

Le design envahit tous les recoins de la maison et les espaces de transition se renouvellent en fonction des exigences esthétiques de leur environnement direct. Les couloirs et vestibules ont désormais une identité propre, qui les place dorénavant dans la catégorie des éléments décoratifs structurels. Quant aux escaliers, ils présentent les principales innovations grâce à l'utilisation de matériaux comme l'acier, le verre ou le bois traité, élaborant de véritables sculptures, et mettant en valeur les différents espaces.

Design heeft elk hoekje van het huis overgenomen, en doorgangsruimten worden gemoderniseerd overeenkomstig de stijl van de omgeving. Trappen, gangen en overlopen hebben nu hun eigen identiteit, die ze als nooit tevoren in de categorie decoratieve constructieve elementen plaatst. Trappen vertonen de meeste vernieuwingen, met materialen als staal, glas of bewerkt hout. Ze vormen sculpturale elementen en definiëren deze plekken.

en Île-de-France
l'Ordre des architectes

Buste Girard
PARIS

Pates
BARON

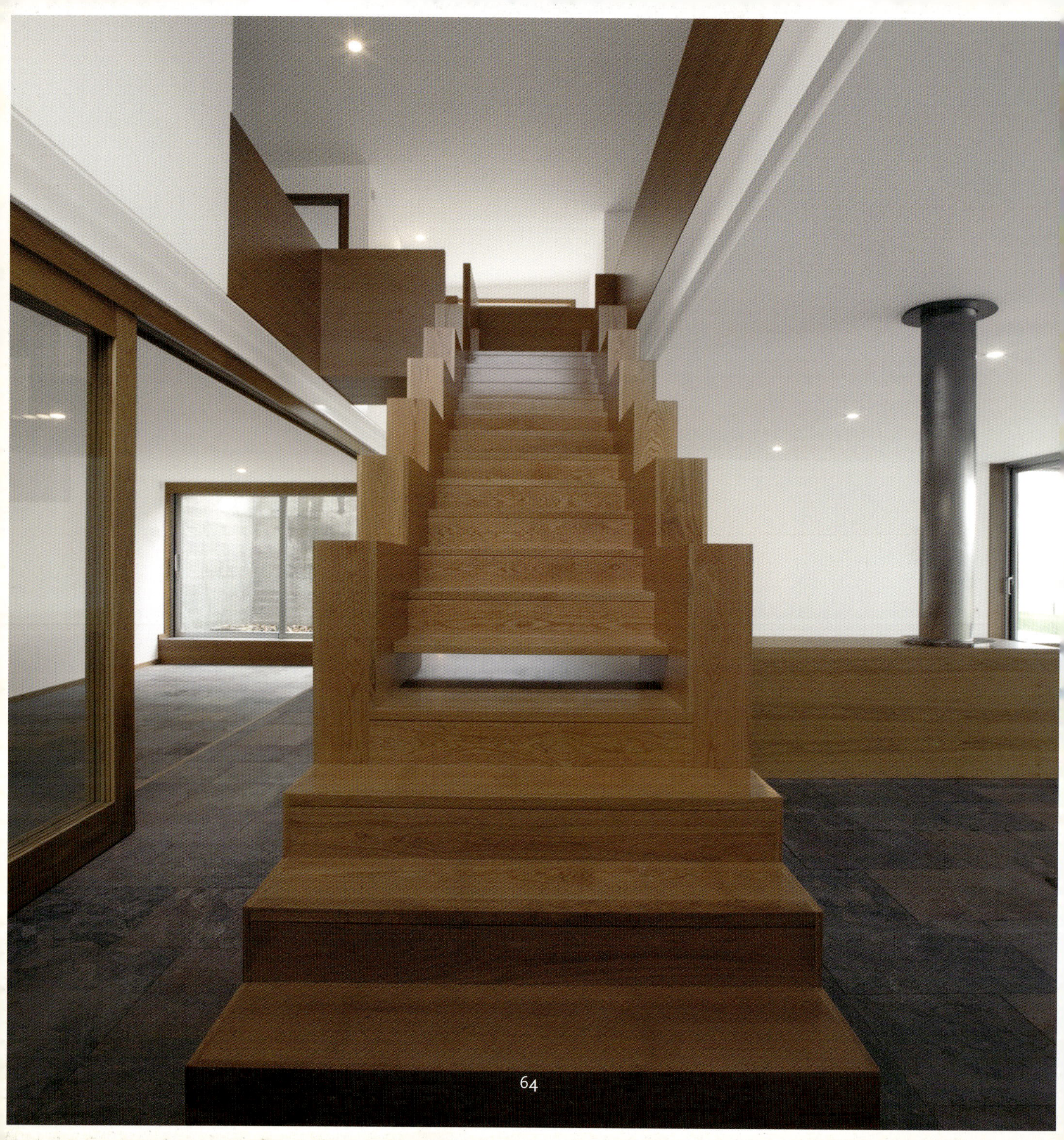

IMPORTED
50YEN,

KENNISCENTRU

012/013

Je nach gewünschtem Effekt können Treppen frei im Raum stehen oder parallel zur Wand verlaufen.

Depending on the effect required, staircases can stand free in a space or run parallel to the wall.

En fonction de l'effet souhaité, les escaliers peuvent être situés au milieu d'un espace ou bien parallèlement à un mur.

Afhankelijk van het effect dat je zoekt, kan een trap vrij staan in een ruimte of parallel aan de muur lopen.

014/015

Die seitlich angebrachten Glaswände sichern die Treppe und lassen größtmöglichen Lichteinfall zu.

The glass walls on either side of the staircase guarantee security without blocking the flow of light.

Les murs en verre de l'escalier garantissent la sécurité sans entraver le flux de lumière.

De glazen wanden aan weerszijden van de trap bieden veiligheid zonder het licht tegen te houden.

016/017

Das Hauptziel bei der Konstruktion einer Treppe ist es, ein Verbindungselement zu schaffen, das nirgends als Hindernis wahrgenommen wird.

The usefulness of a staircase is measured by its ability to connect without obstructing other areas in the building.

L'utilité d'un escalier se mesure à sa capacité à relier, en harmonie, les unités fonctionnelles du bâtiment.

Een goede trap sluit aan bij zijn omgeving zonder andere ruimten in het gebouw te blokkeren.

018/019

Treppen prägen durch Farb-, Material- und Texturkontraste den Charakter des gesamten Eingangsbereiches.

Staircases set a standard for halls through the contrast of shapes, materials and textures.

Les escaliers rehaussent les couloirs par le contraste des formes, des matières et des textures.

Door het contrast van vormen, materialen en structuren zet de trap de toon voor de hal.

020/021

Um eine Treppe optisch hervorzuheben, sollte das Material oder die Textur ihrer Oberfläche mit denen der danebenliegenden Wand kontrastieren.

To emphasize a staircase the material or texture of the covering should contrast with that of the wall against which it stands.

Pour mettre un escalier en valeur, il convient que le revêtement contraste avec la matière ou la texture du mur contre lequel il est adossé.

Om een trap te accentueren moet het materiaal of de structuur ervan contrasteren met de muur waar hij tegenaan staat.

022/023

Treppenabsätze bieten eine optimale Fläche für die wirksame Platzierung dekorativer Objekte.

The landings on staircases in large spaces are an excellent place to put decorative objects.

Dans les grandes pièces, les paliers des escaliers sont l'endroit idéal pour installer des objets décoratifs.

Bij een trap in een grote ruimte is het plateau ideaal voor het neerzetten van sierobjecten.

024/025

Durch ihre kompakte Form bieten Wendeltreppen den Vorteil, nur wenig Raum zu beanspruchen.

Thanks to their compact shape, spiral staircases allow maximum use of the space available.

Grâce à sa forme compacte, l'escalier en colimaçon permet de profiter au maximum des espaces.

De compacte vorm van een wenteltrap laat een optimaal gebruik van de beschikbare ruimte toe.

026/027

An im Stilmix oder Retrostil gehaltenen Treppen finden sich häufig dekorative Geländer und Handläufe, die den Stil der Treppe angeben.

Retro or eclectic styles incorporate decorative banisters and handrails which set a standard for staircases.

Les styles rétro ou éclectiques font appel à des rampes et mains courantes décoratives qui mettent en valeur les escaliers.

Eclectische of retrostijlen kom je nu ook tegen in decoratieve balustraden en leuningen, die de toon zetten voor de trap.

028/029

Mit einem kurvigen Design kann eine Treppe platzsparend gestaltet werden, ohne an Eleganz zu verlieren.

Staircases with a sinuous shape are a good way to make the most of a space and give it an air of elegance.

Les escaliers aux formes arrondies sont un bon moyen pour optimiser les espaces tout en leur donnant un aspect élégant.

Trappen met bochten zijn geschikt om een ruimte optimaal te benutten en er een elegante uitstraling aan te geven.

030/031

Der freie Raum unter der Treppe kann als Aufbewahrungsort dienen oder mit dekorativen Gegenständen verschönert werden.

The spaces under staircases can be used for storage or decorative furniture.

Les espaces sous l'escalier peuvent servir au rangement ou à l'installation de meubles d'appoint.

De ruimte onder een trap is geschikt als opbergruimte of voor siermeubels.

032/033

Ausgeprägte Formen sowie Bezüge zu bereits im Raum verwendeten Materialien lassen die Treppe zu einem anziehenden Blickfang werden.

The prominence of the staircase comes from its emphatic shapes and its relationship with the materials in the space.

La présence de l'escalier est renforcée par ses formes imposantes et la complémentarité des matières avec la pièce.

Het prominente karakter van de trap is het resultaat van zijn uitgesproken vormen en zijn relatie met de materialen in de ruimte.

034/035

Um den prächtigen Charakter dieser Wendeltreppe zu betonen, wurde auf einen massiv wirkenden Handlauf zurückgegriffen.

A solid handrail has been used to reinforce the magnificence of this spiral staircase.

Pour renforcer le côté spectaculaire de cet escalier en colimaçon, on a fait appel à une rampe solide.

De vaste leuning versterkt de uitstraling van deze wenteltrap.

036/037

Die Besonderheit dieser freitragenden Treppe besteht darin, dass die Tritt- und Setzstufen jeweils aus einem Stück gefertigt sind.

The originality of this floating staircase is in the fact that both the steps and the risers are held in place by one sheet of wood.

La particularité de cet escalier en encorbellement est qu'un unique plan en bois unit les marches et contremarches.

Het originele van deze zwevende trap is dat zowel de treden als de optreden door één plank op hun plaats worden gehouden.

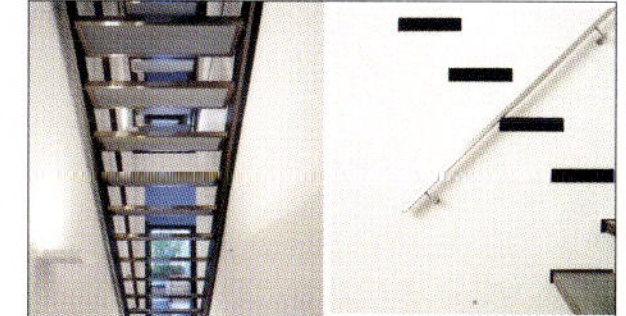

038/039

Treppen werden durch den Einsatz kontrastierender Stufen zum wesentlichen Bestandteil einer individuellen Einrichtung.

Contrasting steps make staircases an essential component in creating the identity of a space.

Les marches contrastées font de l'escalier une composante essentielle de l'identité d'une pièce.

Een trap met contrasterende treden draagt sterk bij aan de identiteit van een ruimte.

040/041

Diese Wendeltreppe erinnert in ihrem organischen Aussehen an einen Tierknochen.

Organic inspiration has created this helix staircase which looks like the medulla of an animal.

L'inspiration organique a donné forme à cet escalier hélicoïdal qui rappelle la moelle d'un animal.

Deze wenteltrap, die op de ruggengraat van een dier lijkt, is gebaseerd op organische vormen.

042/043

Die Weitläufigkeit der Räume und die unterschiedlich gestalteten Etagen erlauben die Kombination verschiedener Designs innerhalb einer einzigen Treppe.

Wide spaces and various levels mean different shapes can be incorporated in one staircase.

Les vastes espaces et le dénivelé permettent l'application de formes différentes à un même escalier.

Dankzij de grote ruimten en de verschillende niveaus kunnen uiteenlopende vormen worden verwerkt in één trap.

044/045

In Wohnbereichen mit vielen Farbkontrasten empfiehlt es sich, für die Treppe den darin dominierenden Farbton zu wählen.

In areas with contrasting colors the staircase should echo one of the predominant tones.

Les pièces où le contraste est élevé requièrent que les escaliers s'adaptent à l'une des tonalités dominantes.

In ruimten met contrasterende kleuren moet de trap een van de overheersende kleuren hebben.

046/047

Die schräg abfallende Fläche des Geländers bildet zusammen mit der aus Holz und Metall konstruierten Treppe ein interessantes Formenspiel.

The slope plane of the banister and the wood and metal composition of the staircase make an original pattern of shapes.

Les plans inclinés des rampes et la composition en bois et métal des escaliers présentent un jeu de formes original.

Het aflopende vlak van de balustrade en het hout en metaal van de trap creëren een origineel vormenpatroon.

048/049

Die aus Fiberglas gefertigte Treppe lässt das durch die Dachöffnung einfallende Licht in alle Stockwerke des Hauses dringen.

The staircase is made of fiberglass so that light from the opening in the roof reaches all the floors in the house.

Pour ne pas atténuer la lumière qui arrive à chaque étage depuis l'ouverture du toit, on a ici opté pour un escalier en fibre de verre.

De trap is van glasvezel, zodat het licht dat door de dakopening valt alle verdiepingen van het huis bereikt.

050/051

Der polierte Beton und der warme Holzton stellen einen interessanten Kontrast her und verleihen dem Raum ein minimalistisches Flair.

Polished cement contrasts with the warmth of the wood and gives spaces a minimalist air.

Le ciment poli contraste avec la chaleur du bois pour donner aux pièces une ambiance épurée.

Gepolijst beton contrasteert met de warmte van het hout en geeft de ruimten een minimalistische uitstraling.

052/053

Um eine visuelle Trennung der Bereiche zu vermeiden, können die Handläufe mit Kabeln und Spannseilen aus Aluminium gespannt werden.

To avoid making a visual division of areas, aluminum cables and tensors can be used as handrails.

Pour ne pas couper visuellement les pièces, on peut faire appel à des câbles et des tendeurs en aluminium qui fonctionnent comme rampes.

Om te voorkomen dat je visuele scheiding tussen de ruimten aanbrengt, kun je aluminiumkabels als leuning gebruiken.

054/055

Wenn die Stufen, das Treppengeländer und die Handläufe in der dominantesten Farbe des Raumes gehalten sind, scheint die Treppe im Raum zu verschwinden.

When the color of the steps, the banister and the handrail is the same as the predominant color in the space, the staircase tends to disappear visually.

Quand la couleur des marches, rampes et mains courantes est exactement la même que celle qui prédomine dans la pièce, l'escalier a tendance à disparaître visuellement.

Als de kleur van de treden, spijlen en leuning dezelfde is als de overheersende kleur van de ruimte, gaat de trap op in zijn omgeving.

056/057

Um eine Treppe für ihre Nutzer angenehm zu gestalten, empfiehlt es sich, pro Absatz nicht mehr als 16 Stufen einzuplanen.

For a staircase to be comfortable it is advisable not to have more than 16 steps in one flight.

Pour rester confortable, un escalier ne doit pas avoir plus de 16 marches par volée.

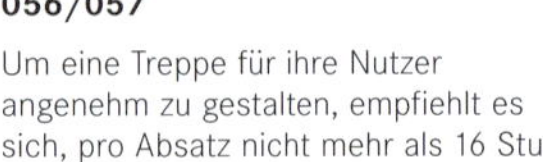

Een prettige trap heeft niet meer dan zestien treden.

058/059

Die Fortsetzung des steinernen Bodenbelags auf der Treppe stellt eine Verbindung mit den Durchgangswegen des Hauses her und lässt sie somit zu einer Einheit werden.

The stone covering on the floor is continued on the staircase and provides a visual outline of the paths through the house.

Le revêtement en pierre du sol se prolonge dans l'escalier et délimite visuellement les zones de circulation de la maison.

De stenen vloer en de stenen trap lopen visueel in elkaar over en geven zo een idee van het verloop van de routes door het huis.

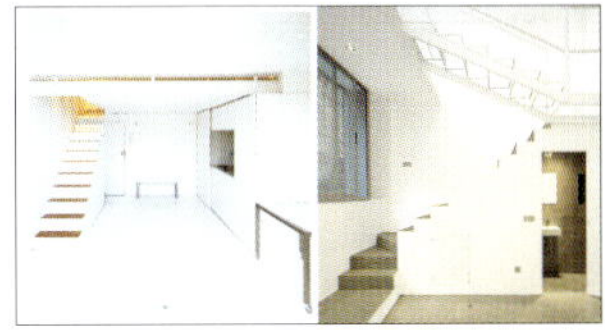

060/061

Der farbliche Kontrast zwischen Tritt- und Setzstufen lässt die Treppe in Räumen, die von nur einer Farbe dominiert werden, zu einem zentralen Blickpunkt werden.

The contrast between the steps and the risers makes the staircase the focal point in spaces where only one color is predominant.

Dans les pièces où prédomine une seule tonalité, les contrastes entre les marches et contremarches renforcent la présence de l'escalier.

Het contrast tussen de treden en de optreden maakt de trap tot de blikvanger in ruimten waar maar één kleur overheerst.

062/063

Ein Metallgerüst sorgt für ausreichende Stabilität, so dass der Raum unter der Treppe als Stauraum genutzt werden kann.

A metal structure makes a support so that use can be made of the space under the staircase.

La structure métallique a été utilisée pour construire un support qui tire profit de l'espace sous l'escalier.

Een metalen constructie biedt steun, zodat je gebruik kunt maken van de ruimte onder de trap.

064/065

Zur Festlegung der in minimalistischen Räumen notwendigen klaren Linien trägt die Holzverkleidung bei.

The wooden covering helps define the clean lines required in a minimalist space.

Les revêtements en bois favorisent la définition des lignes épurées qu'exigent les espaces minimalistes.

De houten bekleding accentueert de duidelijke lijnen die een minimalistische ruimte moet hebben.

066/067

Treppen mit Glasstufen wirken so leicht und durchsichtig, dass sie nahezu unsichtbar zu sein scheinen. Aus diesem Grund eignen sie sich optimal für kleine Räume.

Staircases with glass steps produce a visual lightness which makes them almost invisible. They are ideal for small spaces.

Les escaliers avec des marches en verre acquièrent une légèreté qui les rend pratiquement invisibles. Ils sont idéaux pour les espaces réduits.

Een trap met glazen treden is van een visuele lichtheid die hem bijna onzichtbaar maakt – ideaal voor kleine ruimten.

068/069

Um eine optische Verbindung zwischen den verschiedenen Stockwerken herzustellen, empfiehlt sich eine einheitliche Gestaltung der Stufen und des Bodenbelags im gesamten Wohnbereich.

To create an aesthetic connection between the different storeys of a house, the same material can be used to cover the steps and the floors on the different levels.

Un moyen de lier esthétiquement les différents étages consiste à utiliser le même revêtement pour les marches et le sol des pièces.

Door de trappen en de vloeren op de verschillende verdiepingen met hetzelfde materiaal te bekleden, verbind je de etages met elkaar.

070/071

Durch freitragende Treppen wird vor allem in kleinen, häufig frequentierten Durchgangsbereichen der Einfall von Licht ermöglicht.

Floating steps allow light to come through and so they are a good option for crossed stairs in small spaces.

Les marches en volée laissent passer la lumière : ils sont une très bonne option pour les escaliers situés dans des espaces réduits.

Zwevende treden laten licht door en zijn dus een goede keuze voor trappen die elkaar kruisen in kleine ruimten.

072/073

Das Metallgeländer bildet den notwendigen Kontrast zu den Holzstufen und harmoniert perfekt mit dem industriellen Charakter des Raumes.

The metal handrail creates the necessary contrast with the wooden steps to harmonize with the industrial character of the space.

Le métal de la rampe contraste avec le bois des marches et sert à harmoniser l'aspect industriel de l'espace.

De metalen leuning contrasteert met de houten treden en sluit zo aan bij het industriële karakter van de ruimte.

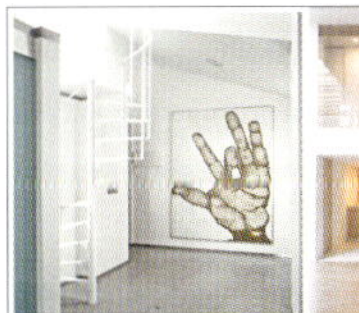

074/075

Durch ihre gewundene Form und eine natürliche Eleganz werden Wendeltreppen in jedem Raum zum Blickfang.

With their sinuous shape and natural elegance, helix staircases tend to become the focal point in a room.

Les escaliers hélicoïdaux, aux formes arrondies et à l'élégance naturelle, tendent à devenir le centre d'attention de la pièce.

Door zijn kronkelende vorm en natuurlijke elegantie wordt een wenteltrap al snel de blikvanger van een ruimte.

076/077

Um den Ausblick auf den attraktiven Außenbereich des Gebäudes hervorzuheben, wurden die Innenräume mit einer farblich einheitlichen Ausstattung versehen, in der die Materialien Holz und Metall dominieren.

To enhance the view outside, the inside has a chromatic uniformity created by the predominance of wood and metal.

Pour renforcer les vues sur l'extérieur, les intérieurs ont une unité chromatique conférée par la prédominance du bois et du métal.

Hout en metaal domineren het interieur en creëren een eenheid in kleur die het uitzicht naar buiten ten goede komt.

078/079

Die freitragende Treppe nimmt nur wenig Raum ein, da sie gerade verläuft und an der rechten Seite auf den Handlauf verzichtet wurde.

The floating staircase takes up little space in the room as it is straight and there is no handrail on the right.

L'escalier en saillie occupe peu d'espace, car il est droit et n'a pas de main courante sur un de ces côtés.

De zwevende trap neemt weinig ruimte in doordat hij recht is en er rechts geen leuning zit.

080/081

Der Kontrast zwischen matten und glänzenden Texturen hebt die verschiedenen Ebenen hervor und verleiht den Räumlichkeiten eine besondere Atmosphäre.

The contrast of matt and shiny textures highlights the different levels and helps create atmosphere.

Les contrastes de textures mate et brillante font ressortir chaque plan et aident à créer des atmosphères différentes.

Het contrast tussen doffe en glanzende structuren accentueert de verschillende niveaus en helpt sfeer te creëren.

082/083

Das Geländer aus Milchglas unterstützt zusammen mit den unverputzten Betonwänden des Hauses dessen industriellen Charakter.

The frosted glass banister helps maintain the industrial feel of this house, with its exposed cement finishes.

Les rampes en verre dépoli contribuent à préserver le style industriel de cette maison avec une finition en ciment apparent.

De matglazen balustrade draagt bij aan de industriële uitstraling van dit huis met zijn betonnen oppervlakken.

084/085

Sockelleisten, aus demselben Material wie die Stufen gefertigt, verleihen der Treppe räumliche Weite und klare Konturen.

When the baseboard is made from the same material as the steps, the staircase becomes visually wider and more defined.

L'application d'un soubassement de la même matière que les marches élargit l'escalier et facilite la délimitation des pièces.

Als de plint van hetzelfde materiaal is als de treden, lijkt de trap breder en komt hij beter tot uiting.

086/087

Bei dieser aus drei Absätzen bestehenden Treppe übernehmen die Farbkontraste der Stufen die chromatische Dominanz des gesamten Bereiches.

The contrast of color in the steps in this three flight staircase dominates and sets the chromatic tone for the area.

Le contraste des couleurs des marches de cet escalier en trois volées devient un élément essentiel et donne le ton chromatique des pièces.

Het kleurcontrast in de treden van deze drie trappen overheerst en zet qua kleur de toon voor de ruimte.

088/089

Durch das transparente Geländer mit einem Handlauf aus Metall wirkt diese Treppe aus Granit geradezu leicht.

The transparent banister and the metal handrail help to liven up the granite body of the staircase.

Les rampes transparentes et les mains courantes en métal contribuent à alléger visuellement le corps de l'escalier en granit.

De doorzichtige balustrade en de metalen leuning brengen het graniet van de trap tot leven.

WOHNZIMMER

Das Wohnzimmer wird in den heutigen hektischen Zeiten zu einem Ort der Entspannung und der Ablenkung vom Alltag. Daher sollte die sorgfältig ausgewählte Inneneinrichtung sowohl Gemütlichkeit ausstrahlen als auch ästhetischen Ansprüchen genügen. Große Sofas mit stilisierten Konturen werden mit Designersesseln und -sofatischen kombiniert, die eine Einheit mit der Gesamteinrichtung bilden und praktische Bedürfnisse erfüllen. Abgerundet wird das Bild durch Textilien in natürlichen Farben und mit einer angenehmen Textur.

LIVING ROOMS

In response to the frantic rush of life today, living rooms have become sanctuaries for relaxation and entertainment, and so the furniture is carefully selected to be both comfortable and attractive. Large sofas with stylized shapes combine with designer armchairs, and coffee tables integrate into the general composition, creating a practical arrangement. Natural color palettes provide harmony and fabrics with warm textures create finishing touches.

SALONS

En réponse au rythme effréné du quotidien, ces espaces sont devenus des temples de la relaxation et du loisir. D'où le soin apporté au choix d'un mobilier à la fois confortable et esthétique. Les vastes canapés aux lignes stylisées s'associent aux fauteuils de créateur, et les tables basses s'intègrent dans le style de la pièce pour un confort maximal. Les tissus aux textures chaudes et aux tons naturels achèvent de créer cette ambiance harmonieuse.

WOONKAMERS

Als antwoord op het jachtige moderne leven zijn woonkamers toevluchtsoorden voor ontspanning en vermaak geworden. Daarom wordt het meubilair met zorg uitgezocht op zowel comfort als aantrekkelijkheid. Grote gestileerde sofa's gaan samen met designerstoelen, en salontafels voegen zich in het grote geheel om zo een praktische inrichting op te leveren.

LONDON STYLE
TASCHEN

minimalist houses
LOFTS
Herald

Alexander Calder 1898–1976
Barnett Newman

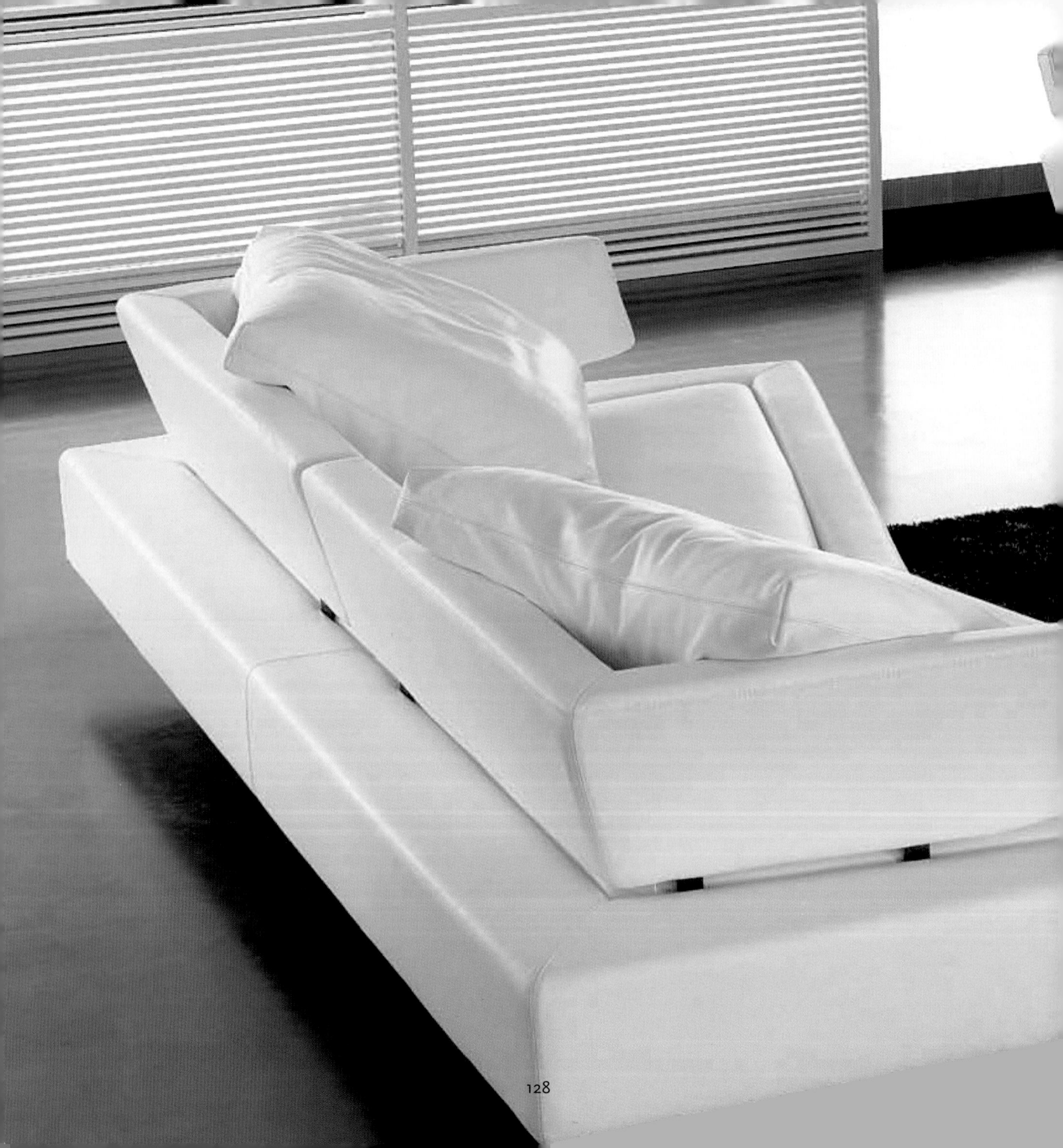

HOTEL DESIGN

BLACK
WHITE
GRAPHICS

chitetture
di Roma
antica

Gaudí

HOUSE DESIGN
apartment design
homeoffice design
kitchen design
bathroom design

098/099

Neutrale Farben schaffen eine entspannte Atmosphäre. Daher werden sie bei der Einrichtung von Wohnzimmern besonders gerne verwendet.

Neutral colors are often the favorites in living rooms because they create a relaxing atmosphere.

Pour le salon, le choix se porte souvent sur des couleurs neutres, aux qualités relaxantes.

Neutrale kleuren zijn vaak favoriet in de woonkamer, omdat ze een ontspannen sfeer creëren.

100/101

Es empfiehlt sich, bei der Farbwahl für das Wohnzimmer von einem bestimmten Möbelstück auszugehen, um die farbliche Harmonie zu wahren.

To maintain aesthetic harmony choose the range of colors for the living room based on a piece of furniture.

Pour préserver l'harmonie, il convient de choisir la palette de couleurs du salon à partir d'un élément du mobilier.

Kies de kleuren voor de woonkamer op basis van een meubelstuk om de harmonie in het interieur te bewaren.

102/103

Sofas bilden sowohl in optischer Hinsicht als auch durch ihre Funktion den Mittelpunkt eines jeden Wohnzimmers.

Sofas are the focal points of living rooms, both for their visual prominence and for their functional aspect.

Fonctionnels et imposants, les canapés sont les principaux protagonistes d'un salon.

De bank vormt het middelpunt van de woonkamer, zowel in visueel als in functioneel opzicht.

104/105

In dynamisch eingerichteten Wohnzimmern finden sich Beistell- oder Couchtische, deren Formen mit denen des Sofas kontrastieren.

Dynamic living rooms include occasional or coffee tables, the shapes of which contrast with the shapes of the sofas.

Les salons dynamiques incluent des tables d'appoint ou des tables basses, dont les formes contrastent avec celles des canapés.

In een dynamische woonkamer staan ook bijzet- of salontafels, waarvan de vormen contrasteren met die van de bank.

106/107

Fußhocker können auch als Beistell- oder Couchtischchen umfunktioniert werden.

Footrests can take on new functions as coffee tables or occasional tables.

Les repose-pieds acquièrent de nouvelles fonctionnalités et servent aussi bien de tables basses que de sièges d'appoint.

Voetenbanken kunnen een nieuwe functie krijgen als salon- of bijzettafel.

108/109

Neue Materialien und ausgefallene Designs führen dazu, dass Teppiche in Wohnzimmern einen ganz neuen Status erhalten.

New textures and original designs mean that rugs have acquired new status in living rooms.

Grâce à leurs textures nouvelles et à leur conception originale, les tapis bénéficient d'un regain d'intérêt dans les salons modernes.

Door nieuwe texturen en originele dessins hebben vloerkleden nieuw aanzien verworven in de woonkamer.

110/111

Durch Variationen desselben Farbtons bei den Haupteinrichtungsgegenständen erhält der Raum Harmonie und Gleichmäßigkeit.

Variations of the same tone in the main pieces of furniture give an air of harmony and stability.

Les variations sur un même ton du mobilier donnent une impression d'harmonie et d'équilibre.

Varianten van dezelfde kleurtoon in belangrijke meubelstukken creëren harmonie en stabiliteit.

112/113

Außergewöhnlich geformte Sessel helfen dabei, in großen Räumen abgegrenzte Bereiche zu definieren.

Unusually shaped armchairs help to define small areas within large spaces.

Les fauteuils aux formes singulières aident à définir des ambiances spécifiques au sein d'espaces plus grands.

Leunstoelen met ongewone vormen helpen grote ruimten in te delen in kleinere stukken.

114/115

Einzelne Möbelstücke, die in leuchtenden Tönen einer bestimmten Farbe gehalten sind, verleihen dem Wohnzimmer einen jugendlichen Touch.

The use of an intense shade of a color on specific pieces of furniture gives living rooms a younger style.

Une tonalité intense appliquée à un meuble rajeunit un salon.

Het gebruik van een diepe kleur op bepaalde meubels geeft de woonkamer een jongere uitstraling.

116/117

Die Stehlampe durchbricht die Einheit der Formen in diesem Raum, wahrt dabei aber dennoch die farbliche Harmonie.

The standard lamp breaks the lines of this space, although it maintains the harmony in the range of colors.

Le lampadaire brise la linéarité de cet espace, tout en préservant l'harmonie des couleurs.

De staande lamp onderbreekt de lijnen van deze ruimte zonder de onderlinge harmonie van de kleuren te verstoren.

118/119

Modulregale sind ausgesprochen praktisch und können zudem als Raumteiler eingesetzt werden.

Modular shelves are a practical solution and even serve to separate the living room from other areas in the same space.

Les étagères modulaires sont un moyen pratique de séparer le salon des autres pièces dans un grand espace.

Modulaire rekken zijn praktisch en je kunt er zelfs het woongedeelte mee afscheiden van de rest van de ruimte.

120/121

Dunkle Farbtöne können in Wohnzimmern verwendet werden, die sich durch eine reichliche Versorgung mit Tageslicht auszeichnen.

Ranges of dark colors can be used in living rooms with plenty of natural light.

Les gammes de couleurs sombres sont permises dans les salons qui bénéficient d'un éclairage naturel important.

In woonkamers met veel natuurlijk licht kun je diverse donkere kleuren gebruiken.

122/123

Teppiche, die mit dem Fußboden farblich kontrastieren, sind hervorragend dazu geeignet, den Wohnzimmerbereich zu definieren.

Rugs which contrast with the color of the floor are a good way to define the area of the living room.

Les tapis qui contrastent avec la couleur du sol aident à délimiter la zone du salon.

Kleden die met de kleur van de vloer contrasteren, zijn heel geschikt om het zitgedeelte te markeren.

124/125

In Räumen, die gleichzeitig mehrere Funktionen erfüllen, kann das Wohnzimmer durch die Farbe und den Stil der Möbel von den anderen Bereichen abgegrenzt werden.

In integrated spaces the style and the color of the furniture help to separate the living room from the other areas.

Dans les espaces intégrés, ce sont le style et la couleur du mobilier qui favorisent la séparation entre le salon et les autres pièces.

In geïntegreerde ruimten helpen de stijl en kleur van de meubels het zitgedeelte van de andere gedeelten te scheiden.

126/127

Dunkle Farben und klare Konturen sorgen für einen gradlinig wirkenden Stil.

Dark colors and straight lines contribute to a formal style.

Couleurs sombres et lignes droites créent une esthétique sobre et épurée.

Donkere kleuren en rechte lijnen dragen bij tot een formele stijl.

128/129

Schwarz und Weiß stehen für Eleganz und guten Geschmack – diese Kombination hat sich als zeitloser Klassiker erwiesen.

The combination of black and white is synonymous with elegance and good taste, and has proved timeless.

Noir et blanc : un tandem indémodable, synonyme de goût et d'élégance.

Zwart en wit vormen een tijdloze combinatie die synoniem is met elegantie en goede smaak.

130/131

Wird ein Raum durch einen bestimmten Farbton dominiert, so können kontrastierende Texturen im Bodenbelag und an den Wänden dazu beitragen, die Konturen bestimmter Einrichtungsgegenstände zu unterstreichen.

When one range of tones is predominant the contrast of textures on the floors and the walls highlights the shapes of the furniture.

Quand une gamme de tonalités prédomine, le contraste des textures au sol et sur les murs met en relief les formes du mobilier.

Als één scala van tonen overheerst, accentueert het contrast tussen de structuren op vloer en muren de vormen van het meubilair.

132/133

Couchlandschaften können dank der verschiedenen Kombinationsmöglichkeiten von Fußhockern, Chaiselongues und Ecksofas beliebig an die Platzverhältnisse angepasst werden.

Sofas can be adapted to the different sizes of spaces thanks to footrests, chaise-lounges and corner units.

Les canapés s'adaptent aux différentes tailles de l'espace par le biais d'accessoires tels que repose-pieds, chaises-longues et étagères d'angle.

Met voetenbankjes, chaise longues en hoekunits kunnen banken worden aangepast aan de verschillende afmetingen van ruimten.

134/135

Im aktuellen Wohnzimmerdesign besteht die Tendenz zu schlichten Formen, die Freiräume entstehen lassen.

Contemporary living rooms tend towards simple shapes in order to leave more free space.

Les salons contemporains tendent vers la simplification des formes pour favoriser un plus grand espace.

Moderne woonkamers neigen naar simpele vormen, zodat er meer ruimte overblijft.

136/137

Wohnzimmer sind Rückzugsorte, die der Ruhe und Entspannung dienen – aufgrund seiner warmen Ausstrahlung ist Holz daher ein besonders beliebtes Material.

Because of its warmth, wood is a material used frequently in these spaces which are designed for resting and relaxing.

De par sa chaleur, le bois est une matière fréquente dans ces espaces destinés à la relaxation et au repos.

Als warm materiaal wordt hout veel gebruikt in dit soort ruimten die bedoeld zijn voor rust en ontspanning.

138/139

Ein Raum strahlt eine ganz besondere Wirkung aus, wenn die wichtigsten Einrichtungsgegenstände durch runde und gerade Formen miteinander kontrastieren.

The contrast between rounded and straight lines in the main pieces of furniture gives a room impact.

Les contrastes entre les lignes droites et arrondies dans les éléments principaux du mobilier apporte du dynamisme au séjour.

Het contrast tussen gewelfde en rechte lijnen in de belangrijkste meubelstukken geeft een kamer impact.

140/141

Punktuelle Beleuchtung sorgt in großen Wohnzimmern für eine intimere Atmosphäre.

The varied positioning of lighting establishes a more intimate atmosphere in large living rooms.

L'éclairage ciblé crée un climat d'intimité dans les salons de grandes dimensions.

Variatie in de plaatsing van de verlichting creëert een intiemere sfeer in grote woonkamers.

142/143

Durch Teppiche, deren Muster mit dem Sofa kontrastieren, erhält ein Wohnzimmer eine individuelle Note.

A living room can be given extra personality by the selection of a rug with contrasting patterns which combine with the sofas.

Un tapis au dessin riche en contrastes et assorti au canapé donnera au salon une plus grande personnalité.

Je kunt een woonkamer extra persoonlijkheid geven met een vloerkleed met contrasterende patronen die zich laten combineren met de banken.

144/145

Moderne Sofas zeichnen sich durch ein stilisiertes Design aus, welches horizontale Formen, versteckte Beine und niedrige Armlehnen umfasst.

Modern sofas have a stylized design, defined by horizontal shapes, hidden legs and low armrests.

Les canapés modernes ont un design stylisé, caractérisé par des formes horizontales, des pieds dissimulés et des accoudoirs très bas.

Moderne banken hebben een gestileerd design met horizontale vormen, verborgen poten en lage armleuningen.

146/147

Mit Leisten versehene Oberflächen an Wand und Boden geben Räumen mehr Tiefe.

Both wooden wall paneling and floor boards give depth to spaces.

Les surfaces lambrisées, que ce soit le sol ou les murs, donnent plus de profondeur aux espaces.

Met hout beklede oppervlakken, of het nu vloeren of muren zijn, geven een ruimte diepte.

148/149

Natürliche Farben in verschiedenen Schattierungen lassen das Wohnzimmer geräumiger erscheinen.

Natural colors and their different tones make living rooms look bigger.

Les couleurs naturelles et leurs différentes tonalités donnent du volume aux salons.

Door het gebruik van natuurlijke kleuren en aardtinten lijkt een woonkamer groter.

150/151

Ein mit dem Sofa kontrastierender Couchtisch ist nur eines der Beispiele für den heute in der Einrichtung so beliebten Stilmix.

A coffee table which contrasts with the sofas is an example of the eclectic style which is so fashionable today.

Une table basse contrastant avec les fauteuils est caractéristique des styles éclectiques en vogue.

Een salontafel die contrasteert met de bank is een voorbeeld van de eclectische stijl die tegenwoordig zo in is.

152/153

Der Einsatz dunkler Farben im unteren Bereich eines Wohnzimmers lassen den Raum höher wirken.

When the lower part of the living room is decorated in dark colors the effect is to heighten the area.

Quand la partie basse du salon concentre les couleurs sombres, elle prolonge visuellement la hauteur de la pièce.

Een donkere inrichting van het lage deel van de woonkamer accentueert de hoogte van de kamer

154/155

Die Höhe von Couchtisch und Sofa sollten aufeinander abgestimmt sein, um eine bequeme Nutzung zu gewährleisten.

For greater comfort the height of the coffee table should be proportional to the height of the sofas.

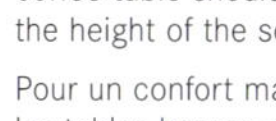

Pour un confort maximal, il convient que les tables basses soient à une hauteur appropriée par rapport aux canapés.

Het is prettig als de hoogte van de salontafel is afgestemd op de hoogte van de bank.

156/157

Heute ist es möglich, traditionelle Einrichtungsgegenstände mit Designermöbeln zu kombinieren: So lassen sich individuelle Kombinationen zusammenstellen.

Today it is possible to combine traditional furniture with design pieces to create very personal compositions.

Aujourd'hui, il est possible d'allier à un mobilier traditionnel des éléments plus design afin d'obtenir des compositions très personnelles.

Tegenwoordig kun je traditionele meubels combineren met designstukken om een heel persoonlijke compositie te creëren.

158/159

Durch die gegensätzlichen Formen und Farben der Sessel und des Sofas wird der Raum in zwei Bereiche eingeteilt, die durch den Kontrast wiederum miteinander verbunden werden.

Opposing shapes and colors in the armchairs and the sofa generate two environments linked by the contrast.

L'opposition des formes et des couleurs des fauteuils et du canapé créent un intéressant jeu de contraste entre ces deux ambiances.

Tegengestelde vormen en kleuren in de leunstoelen en de bank creëren twee omgevingen die door het contrast met elkaar verbonden zijn.

160/161

Klassiker wie die Chaiselongue von Le Corbusier oder die Leuchte von Castiglioni erfreuen sich auch in modernen Wohnzimmern großer Beliebtheit.

Pieces such as the chaise lounge by Le Corbusier, or the lamp by Castiglioni, will always be successful in contemporary living rooms.

Des pièces comme la chaise-longue de Le Corbusier ou la lampe de Castiglioni sont des valeurs sûres dans les salons contemporains.

Stukken als Le Corbusiers chaise longue of Castiglioni's lamp staan altijd goed in een moderne woonkamer.

162/163

Um einen Raum größer wirken zu lassen, ist der gezielte Einsatz der Beleuchtung ein Schlüsselfaktor.

Good light is one of the variables which is most influential in making a room look bigger.

La luminosité est une des variables décisives pour qu'un espace paraisse plus grand.

De verlichting is een van de belangrijkste middelen om een kamer groter te laten lijken.

164/165

Dominieren dunkle Farbtöne bei Möbeln und Accessoires, empfiehlt es sich, Sofas in hellen neutralen Tönen zu wählen.

When the colors used for decoration are dark it is a good idea to choose sofas in bright, neutral tones.

Quand les revêtements tendent aux couleurs sombres, il convient de choisir des fauteuils aux tons neutres et lumineux.

Als de kleuren van de inrichting donker zijn, kun je het best een bank kiezen in een lichte, neutrale toon.

166/167

Die Kombination aus Kreisen und geraden Linien eignet sich besonders gut für jung wirkende Räume.

Circles and straight lines combine to make an ideal composition for young environments.

Les cercles et les lignes droites se combinent dans une composition idéale pour les atmosphères jeunes.

Een combinatie van cirkels en rechte lijnen is ideaal om de woonkamer een jonge uitstraling te geven.

168/169

Um eine gemütliche Leseecke in einem Teil des Wohnzimmers einzurichten, genügt es, aus einem bequemen Sessel, einem kleinen Beistelltisch und einer Stehlampe eine kleine Gruppe zu bilden.

Grouping together a comfortable armchair, a little side table and a standard lamp in a part of the living room creates a corner for reading.

Pour créer un coin de lecture, il suffit de regrouper, dans une partie du salon, un fauteuil confortable, une table basse et une lampe de lecture.

Met een comfortabele leunstoel, een bijzettafeltje en een staande lamp kun je in een deel van de woonkamer een leeshoek creëren.

170/171

Möbelstücke in hellen Farben reflektieren das natürliche Tageslicht und schaffen in großen Wohnzimmern Bereiche, die beinahe transparent wirken.

Furniture in bright colors reflects natural light and generates an open-plan feeling in large living rooms.

Les meubles de couleurs claires reflètent la lumière naturelle et génèrent une atmosphère diaphane dans les salons aux grandes ouvertures.

Lichtgekleurde meubels reflecteren het daglicht en creëren in grote woonkamers een ruimtelijk gevoel.

172/173

Gedeckte Farben werden traditionellerweise mit einem klassischen Stil in Verbindung gebracht – in jüngster Zeit finden sie in geometrisch eingerichteten Räumen Anwendung.

Toasted shades, traditionally associated with classical styles, are currently being used in geometric spaces.

Les tons bruns, traditionnellement associés aux styles classiques, se renouvellent dans les volumes géométriques.

Gedekte kleuren, die traditioneel geassocieerd worden met een klassieke inrichting, worden tegenwoordig gebruikt in geometrische ruimten.

174/175

Die Oberflächen und Texturen der Wände, Teppiche und Couchtische betonen die architektonischen Besonderheiten des Raumes.

Walls, rugs and coffee tables provide surfaces with tones and textures which highlight architectural elements.

Murs, tapis et tables basses font ressortir les éléments architecturaux avec leurs tons et textures différents.

Muren, vloerkleden en salontafels bieden oppervlakken met tonen en structuren die architectonische elementen accentueren.

176/177

Design-Kamine zeichnen sich durch schlichte Formen und Farben aus und harmonieren so mit der Einrichtung.

Designer fireplaces are characterized by their simple forms and colors which adapt to the furniture.

Les cheminées design se caractérisent par des volumes simples et des couleurs qui s'adaptent au mobilier.

Designhaarden worden gekenmerkt door simpele vormen en kleuren die bij elk meubilair passen.

ESSZIMMER

Das Esszimmer ist ein optimaler Treffpunkt für Zusam
im Familien- und Freundeskreis und bildet daher den Mitt
einer jeden Wohnung. Nicht nur eine geschmackvolle Einrichtung, sondern auch seiner Funktionalität machen diesen Raum so beliebt. Die Grundausstattung besteht aus einem großen Tisch, Stühlen und genügend Stauraum für die wichtigsten Utensilien. Mit diesen Möbelstücken wird der Essbereich definiert und die Individualität der Hausbewohner ausgedrückt.

DINING ROOMS

Dining rooms are the heart of the house and the perfect place for family and social gatherings because they reflect the personalities of those who live there. Success depends on style but only if it is also functional. Whether in large houses where it occupies a special room, or in smaller homes where it shares space with the living room, basic dining room furniture consists of a table, chairs and storage, which define the space and provide their own personal stamp.

SALLES À MANGER

Les salles à manger, lieux de réunions sociales et familiales par excellence, sont le cœur de la maison. Elles révèlent la personnalité des habitants. Pour un agencement réussi, il faut mettre l'esthétique au service de la fonctionnalité. Que ce soit dans de grandes maisons, où elles constituent une pièce à part, ou dans des habitations plus modestes, où elles partagent l'espace avec le salon, le mobilier se fait minimaliste, avec des tables, des chaises et des rangements qui délimitent le périmètre et apportent une petite touche personnelle.

EETKAMERS

Eetkamers zijn de ideale plaats om samen te komen met familie en vrienden, omdat ze de persoonlijkheid van de bewoners weerspiegelen. Het succes ervan hangt af van stijl, maar alleen als die ook functioneel is. Of het nu om grote huizen gaat met een afzonderlijke eetkamer of om kleine huizen waar de eethoek deel uitmaakt van de woonkamer, het basismeubilair wordt altijd gevormd door een tafel, stoelen en opbergruimte, die de ruimte definiëren en er hun persoonlijke stempel op drukken.

BEAT CITY

49
48
H 500
3

ÇIT-ÇIT
ETİKET-FERMUAR
KOT DÜGMESİ-RIVET
PERÇİN-KUŞGÖZÜ
КНОПКА
НАШИВКА-ЗМЕЙКА
ПУГОВИЦЫ-ЗАКЛЕПКИ
ETİKET
ÇIT ÇIT
FERMUAR
KANCA
KESKİN TİCARET
conan jeans
TREND

select+
29
SAB
V

Galerie Maeght
Georges Braque

Nigel Slater

186/187

Die Farbe Weiß und das Material Stahl bilden zusammen eine klassische Kombination, zu der jede Dekoration passt.

White and steel is a classic combination which works with any style of decoration.

Le blanc et l'acier : une alliance classique qui a toujours bien fonctionné.

Wit en staal vormen een klassieke combinatie, die samengaat met alle interieurstijlen.

188/189

Um die Funktionalität des Esszimmers nicht zu beeinträchtigen, sollte er mit möglichst wenig Dekoration ausgestattet sein.

In order for the dining room to be functional decorative elements should be kept to a minimum.

Les éléments décoratifs doivent rester discrets pour que la salle à manger soit fonctionnelle.

Om de eetkamer functioneel te houden moeten decoratieve objecten tot een minimum beperkt worden.

190/191

Durch den Einsatz von Farben, die einen Kontrast zu denen der Küche bilden, wird das Esszimmer als in sich geschlossener Bereich gekennzeichnet.

Furnishings in tones which contrast with those of the kitchen define the area of an integrated dining room.

Pour mettre en valeur l'espace dédié aux salles à manger, les tonalités du mobilier doivent contraster avec celles de la cuisine.

Kleuren die contrasteren met die van de keuken grenzen het eetgedeelte van de open keuken af.

192/193

Die Vielseitigkeit von Glastischen besteht darin, dass sie zu jeder Einrichtung passen.

The versatility of glass tables means they adapt easily to their setting.

Les tables en verre, discrètes, s'intègrent facilement à leur environnement.

Glazen tafels zijn veelzijdig en passen zich gemakkelijk aan hun omgeving aan.

194/195

Designerstühle bilden bereits einen auffälligen Blickfang, sodass in einem modern eingerichteten Esszimmer keine zusätzlichen dekorativen Objekte notwendig sind.

The visual impact of designer chairs is such that contemporary dining rooms do not need additional decorative objects.

Les chaises design ont un tel impact visuel que les salles à manger contemporaines se passent d'éléments décoratifs.

De visuele impact van designstoelen is zo sterk dat moderne eetkamers geen extra decoratieve elementen nodig hebben.

196/197

Die Farbe Rot – mit Bedacht eingesetzt – lässt einen Raum dynamisch wirken und verleiht ihm eine persönliche Note.

Applied in small doses, the color red gives a room energy and personality.

Le rouge, à consommer avec modération, apporte de l'énergie et de la personnalité à la pièce.

Spaarzaam aangebrachte rode accenten verlenen een kamer energie en karakter.

198/199

Stühle mit gradlinigen Formen und klaren Farben beweisen bei der Dekoration den Grundsatz ‚weniger ist mehr'immer wieder aufs Neue.

Chairs with simple lines and pure colors are the best example that 'less is more' in decoration.

Les chaises aux lignes simples, aux couleurs pures, prouvent qu'en décoration « moins, c'est plus ».

Stoelen met eenvoudige lijnen en pure kleuren vormen het beste bewijs van het designadagium 'minder is meer'.

200/201

Eine direkt über dem Tisch angebrachte Lampe verwandelt diesen in einen visuellen Blickfang.

A light directly above makes a focal point of a table.

Une source de lumière placée directement sur la table attire le regard.

Een centraal geplaatste hanglamp maakt de tafel tot middelpunt van de kamer.

202/203

Möbelstücke mit fließenden Konturen, die sich im Raum auszudehnen scheinen, entfalten ihre Wirkung vor allem in geräumigen Esszimmern.

Pieces of furniture with open shapes that expand have become fashionable in dining rooms with plenty of space.

Les meubles aux formes amples et ouvertes conviennent aux salons spacieux.

Meubels met een open, uitlopende vorm zijn trendy geworden in ruime eetkamers.

204/205

Runde Tische beanspruchen weniger Platz als quadratische oder rechteckige und eignen sich daher besonders gut für kleine Räume.

Round tables are ideal for small spaces, as they take up less room than those that are square or rectangular.

Moins gourmandes en espace que les tables carrées ou rectangulaires, les rondes sont idéales pour les surfaces réduites.

Ronde tafels zijn ideaal voor kleine ruimten, omdat ze minder plaats innemen dan vierkante of rechthoekige.

206/207

Der Farbkontrast zwischen Tischen und Stühlen hebt deren Konturen hervor und schafft somit eine dynamische Atmosphäre.

The contrast in the tones of tables and chairs highlights the shapes and contributes to creating a dynamic atmosphere.

Les tonalités contrastées entre les tables et les chaises contribuent à la création d'une pièce dynamique.

Het kleurcontrast tussen tafels en stoelen vestigt de aandacht op de vormen en draagt bij aan een dynamisch geheel.

208/209

Aluminium und Stahl sind die zwei Materialien, die am häufigsten in Avantgarde-Essräumen eingesetzt werden.

Aluminum and steel are the materials most often used in *avant guard* dining rooms.

L'aluminium et l'acier sont les matières les plus utilisées dans les salles à manger de style moderner.

Aluminium en staal zijn de materialen die het meest gebruikt worden in avant-gardistische eetkamers.

210/211

Diese besonderen und doch funktionalen Stühle reichen bereits aus, um diesen Raum zu einem modernen Esszimmer werden zu lassen.

These striking but functional chairs were all that was needed to create a modern dining room.

Ces chaises de conception originale et fonctionnelles suffisent à créer une salle à manger moderne.

Voor een moderne eetkamer is niet veel meer nodig dan deze opvallende, maar zeer functionele stoelen.

212/213

Eine der modernsten Tendenzen bei der Einrichtung von Esszimmern ist der Einsatz von leichten Formen und minimalistischen Farbkombinationen.

The latest in furnishings for the dining room are characterized by their light shapes and minimalist colors.

Le nouveau mobilier pour salle à manger se caractérise par ses formes légères et ses couleurs minimalistes.

Het nieuwste eetkamermeubilair wordt gekenmerkt door lichte vormen en sobere kleuren.

214/215

In der modernen Dekoration werden mutige Formen und Kontrastfarben großzügig verwendet.

Modern decoration confidently uses exaggerated shapes and contrasting colors.

La décoration moderne, décomplexée, fait appel aux formes extrêmes et aux couleurs contrastées.

Moderne binnenhuisarchitectuur bestaat uit een trefzeker gebruik van overdreven vormen en contrasterende kleuren.

216/217

In der Mitte eines Tisches platzierte Schalen oder Vasen sollten die sie umgebenden einfachen Formen und Farben aufnehmen, um dem Raum visuelle Harmonie zu verleihen.

Centerpieces on tables and vases should reflect the simple shapes and colors around them to strengthen visual harmony.

Les centres de table et les vases adoptent les formes simples et les couleurs de l'environnement afin de renforcer l'harmonie visuelle.

Tafelversieringen en vazen moeten zich voegen naar de eenvoudige vormen en kleuren in hun omgeving om de visuele harmonie te versterken.

218/219

Traditionellerweise lag das Esszimmer im Bereich des Wohnzimmers – mittlerweile hat die Küche das Wohnzimmer in dieser Rolle abgelöst.

It is now more popular to combine the dining area with the kitchen rather than with the living room.

La cuisine a gagné du terrain sur le salon, où se trouvait traditionnellement la salle à manger.

Tegenwoordig is het populairder om de eethoek in de keuken te integreren dan in de woonkamer.

220/221

Bei der aktuellen Innendekoration wird Esszimmern mit einem offenen Grundriss und einer einfachen Einrichtung der Vorzug gegeben.

Open plan dining rooms with basic furnishings characterize contemporary decorative styles.

La décoration d'aujourd'hui valorise les salles à manger diaphanes avec un mobilier basique.

Open eetkamers met een minimalistische inrichting kenmerken de moderne binnenhuisarchitectuur.

222/223

Stühle in Kontrasttönen unterstreichen die elegante Wirkung eines dunklen Holztisches.

A dark wood table needs chairs in contrasting tones to highlight its elegant effect.

Les tables en bois sombre exigent des chaises aux tonalités contrastées pour souligner leur élégance.

Een tafel van donker hout heeft stoelen in contrasterende tinten nodig om het elegante effect te verhogen.

224/225

Räume, in denen dunkle Wände mit Stahlmöbeln kombiniert werden, entfalten eine besondere visuelle Wirkung.

Black walls and steel furniture is a combination with high visual impact.

Murs noirs et meubles en Asier : une combinaison forte sur le plan visuel.

Zwarte muren met stalen meubels vormen een combinatie met een sterke visuele impact.

226/227

Auffällig geformte Lampen dominieren jeden Raum, daher empfiehlt es sich, sie mit schlichten Möbeln zu kombinieren.

Flamboyantly shaped lamps are so visually powerful they can only be used among furnishings with very simple lines.

Les lampes aux formes extravagantes ont une telle puissance visuelle, qu'elles ne s'accordent qu'avec des meubles aux lignes sobres.

Flamboyant gevormde lampen hebben zo'n krachtig visueel effect dat ze alleen gebruikt kunnen worden naast meubilair met heel simpele lijnen.

228/229

Bei der Einrichtung des Esszimmers spielen die Verteilung der Möbel sowie die Beleuchtung eine Schlüsselrolle.

The distribution of the furniture and the lighting are key factors when defining the dining room.

La distribution des meubles et l'éclairage sont des facteurs-clé, à même de délimiter l'espace consacré à la salle à manger.

De plaatsing van meubilair en verlichting is een cruciale factor in de inrichting van de eetkamer.

230/231

Mit dem richtigen Design können traditionelle Materialien wie Holz und Rattan reizvolle Ensembles bilden.

Traditional materials like wood and rattan can be updated and form very attractive combinations.

Les matières traditionnelles comme le bois ou le ratan peuvent se combiner facilement.

Traditionele materialen als hout en rotan kunnen in gemoderniseerde vorm bijzonder aantrekkelijke combinaties vormen.

232/233

Schlichte, glatte Oberflächen sind wunderbar minimalistisch und zudem praktisch.

The minimalist style of unadorned flat surfaces favors practical use.

Des surfaces lisses et sans ornement : un minimalisme pur et fonctionnel.

De minimalistische stijl van onopgesmukte platte vlakken is ideaal voor praktisch gebruik.

234/235

Die naturfarbenen Holzbeine dieses Tisches verleihen der Marmor-Tischplatte eine moderne Note.

The natural colored wooden legs of this table give the marble top a modern style.

Le plateau en marbre prend une touche moderne grâce au bois naturel des pieds de la table.

De natuurlijke houtkleur van de tafelpoten geeft het marmeren blad een modern tintje.

236/237

Der größte und hellste Raum des Hauses eignet sich besonders gut als Esszimmer.

The largest area of the house, where there is plenty of light, is the best place for the dining room.

On choisira pour la salle à manger la pièce la plus spacieuse et la mieux éclairée de la maison.

Het ruimste gedeelte van het huis, waar het meeste licht valt, is de beste plek voor een eetkamer.

238/239

Der in den 1950ern von Arne Jacobsen entworfene ‚Ant Chair' feierte im modernen Design ein großes Comeback.

The 'Ant' chair, designed by Arne Jacobsen in the 50s, has made a strong comeback in modern decoration.

La chaise Ant, conçue par Arne Jacobsen dans les années 1950, a fait un retour en force dans la décoration contemporaine.

De Mier, in de jaren vijftig ontworpen door Arne Jacobsen, is weer helemaal terug.

240/241

Bei Tischen und Stühlen unterschiedlich eingesetzte Materialien stellen einen Kontrast her, der jedes Esszimmer bereichert.

The different textures of tables and chairs generate a contrast which adds richness to dining rooms.

Les différentes textures des tables et des chaises ajoutent du contraste à la salle à manger.

De uiteenlopende texturen van tafels en stoelen creëren een rijk contrast in de eetkamer.

242/243

Werden kurvige Linien und die Farben der Möbel gezielt eingesetzt, können sie dazu dienen, den Bereich des Esszimmers optisch von anderen Räumen abzugrenzen.

The unity of the sinuous lines and the tones of the furnishings contributes to defining the area of the dining room.

L'unité des lignes sinueuses et des tonalités des meubles aide à définir la surface d'une salle à manger.

De eenheid van de golvende lijnen en de kleurstelling van het meubilair geven het eetgedeelte zijn eigen karakter.

244/245

Glastische sind durch ihre Transparenz und Leichtigkeit vielseitig einsetzbar.

The transparency and the lightness of tables with glass tops make them versatile.

Grâce à sa légèreté et sa transparence, la table en verre est devenue un must en matière de mobilier.

De transparantie en luchtigheid van glazen tafelbladen maakt ze buitengewoon veelzijdig.

246/247

Holz und schwarzes Leder: Die Kombination dieser Materialien erlebte in der Geschichte des Möbeldesigns immer wieder ein Comeback.

Wood and black leather: a classical combination which is constantly revived in furnishing design.

Bois et cuir noir : une combinaison toujours renouvelée par les formes.

Hout en zwart leer: een klassieke combinatie die steeds weer terugkomt in de binnenhuisarchitectuur.

248/249

Mit dekorativen Einrichtungselementen und der passenden Beleuchtung kann farbliche Harmonie in einem Zimmer hergestellt werden.

Chromatic harmony can be achieved with decorative elements or lamps and light fittings.

On peut atteindre l'harmonie chromatique grâce aux éléments décoratifs et aux éclairages.

Een harmonieuze kleurstelling is te beïnvloeden met sierobjecten of lampen en armaturen.

250/251

Die exotische Wirkung sowie die Farben und Formen von Rattan sind im modernen Design sehr beliebt.

The exotic quality of rattan takes on a modern style by using shapes and colors.

L'exotisme du ratan s'adapte au style moderne par la diversité de ses formes et de ses couleurs.

Het exotische van rotan kan ook moderne vormen en kleuren aannemen.

252/253

Lederstühle stellen für Räume, in denen Holz als Material vorherrscht, eine ideale Ergänzung dar.

Leather chairs are an excellent complement in dining rooms where wood is predominant.

Les chaises en cuir sont un complément idéal dans les salles à manger où prédomine le bois.

Lederen stoelen zijn een uitstekende toevoeging aan eetkamers waar hout overheerst.

254/255

Die Beliebtheit des skandinavischen Stils im modernen Design ist auf seine schlichten Konturen und seine zeitlose Eleganz zurückzuführen.

The simplicity of its shapes and its visual elegance have made the Nordic style popular in contemporary decoration.

Grâce à la simplicité de ses formes et son grand attrait visuel, le style nordique s'impose dans la décoration contemporaine.

De vormtechnische eenvoud en visuele elegantie van Scandinavisch design is populair in het moderne interieur.

256/257

Je dunkler seine Farbe, desto größer wirkt ein Möbelstück.

The darker the color the bigger the pieces of furniture appear.

Plus la couleur est intense, plus la sensation de volume est accentuée.

Hoe donkerder de kleuren, hoe groter meubelstukken lijken.

258/259

Gedämpfte Farben und stilisierte Konturen bringen Eleganz in moderne Esszimmer.

Dark colors and stylized shapes for chairs provide elegance in modern dining rooms.

Les couleurs intenses et les formes stylisées des chaises sont caractéristiques des salles à manger modernes.

Stoelen met donkere kleuren en gestileerde vormen verlenen de moderne eetkamer een zekere elegantie.

260/261

Der farbige, mit der restlichen Einrichtung kontrastierende Teppich legt die optische Gesamtwirkung des Esszimmers fest.

The dining room is defined by the rug in colors which contrast with the setting.

On peut définir une salle à manger grâce à un tapis de couleur en contraste avec le reste de l'espace.

De eetkamer ontleent zijn karakter aan het vloerkleed met kleuren die contrasteren met hun omgeving.

262/263

Mit der Verteilung und den Farben dieser Teppiche werden die Grenzen des Esszimmers genau definiert.

The composition and the color of these rugs define the dining rooms with precision.

La couleur et le contraste de la composition du tapis contribuent à délimiter clairement la salle à manger.

De compositie en kleurstelling van deze kleden dragen bij aan het karakter van de eetkamers.

264/265

Einfache Linien, klar definierte Formen und lebendige Farben bilden die Grundlage für die Dekoration des modernen Esszimmers.

Simple lines, clearly defined shapes and vibrant colors are the basis for the decoration of the contemporary dining room.

Des lignes simples, des volumes nets et des couleurs vives sont les ingrédients indispensables d'une salle à manger contemporaine.

Eenvoudige lijnen, duidelijke vormen en levendige kleuren vormen de basis van de moderne eetkamer.

KÜCHEN

KITCHENS

CUISINES

KEUKENS

Die Küche ist der Raum des Hauses, der in den letzten Jahren die größte Wandlung erfahren hat. Ursprünglich ausschließlich auf die Zubereitung von Nahrungsmitteln ausgerichtet, wurde sie zu einem beliebten Aufenthaltsort und zum Experimentierfeld für Hobbyköche. Häufig sind Küchen nicht mehr in abgeschlossene, sondern ins Wohnzimmer oder Esszimmer integrierte offene Bereiche, die zum Mittelpunkt des modernen Heims werden. Zu einem modernen Raum wird die Küche erst durch die Ausstattung mit den neuesten Küchengeräten.

This is one of the areas of the house which has undergone the biggest transformation in the last few years. From an area intended exclusively for preparing food, it has become a place for people to enjoy the increasingly popular hobby of cooking and for social gatherings. The open spaces, often intentionally integrated into living rooms and dining rooms, make them the focal points of contemporary homes. The addition of technically advanced electrical appliances makes the kitchen a thoroughly modern room.

Ces pièces ont connu des changements radicaux ces dernières années. D'un simple lieu destiné à la préparation des repas, elles sont devenues le lieu convivial par excellence, où se pratique une culture gastronomique de plus en plus accessible. Ses espaces ouverts et très souvent intégrés aux salons et salles à manger en font des lieux incontournables des maisons contemporaines. N'oublions pas l'électroménager qui, avec son bagage d'innovations technologiques, et son design particulier, vient compléter l'agencement de ces pièces.

De keuken is een van de plekken in huis die de grootste metamorfose hebben ondergaan in de afgelopen jaren. Van een omgeving die zuiver bestemd was om eten klaar te maken is het een plaats geworden waar mensen de hobby van het koken uitoefenen en gezellig samenkomen. De open keuken, vaak bewust geïntegreerd in een woon- of eetkamer, vormt het kloppende hart van moderne woningen. Door de technisch geavanceerde elektrische apparatuur zijn keukens door en door moderne ruimten.

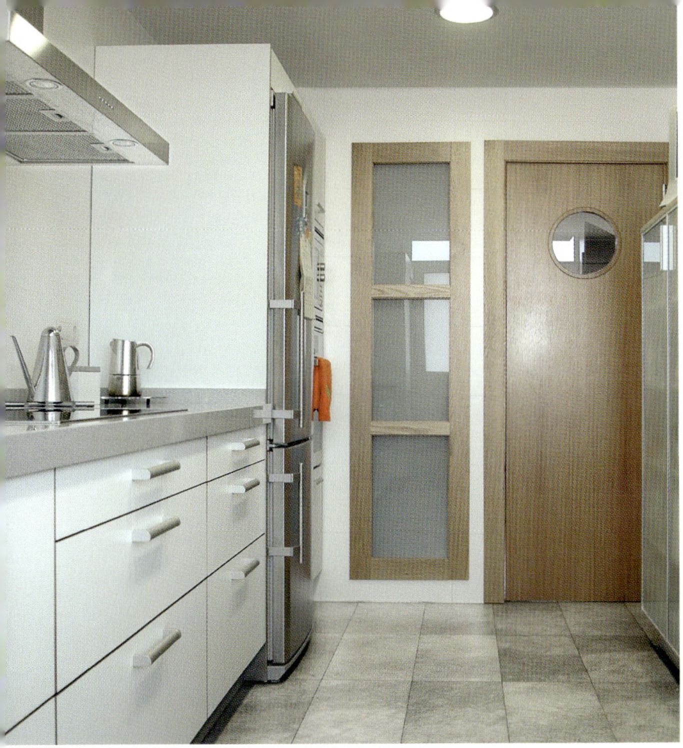

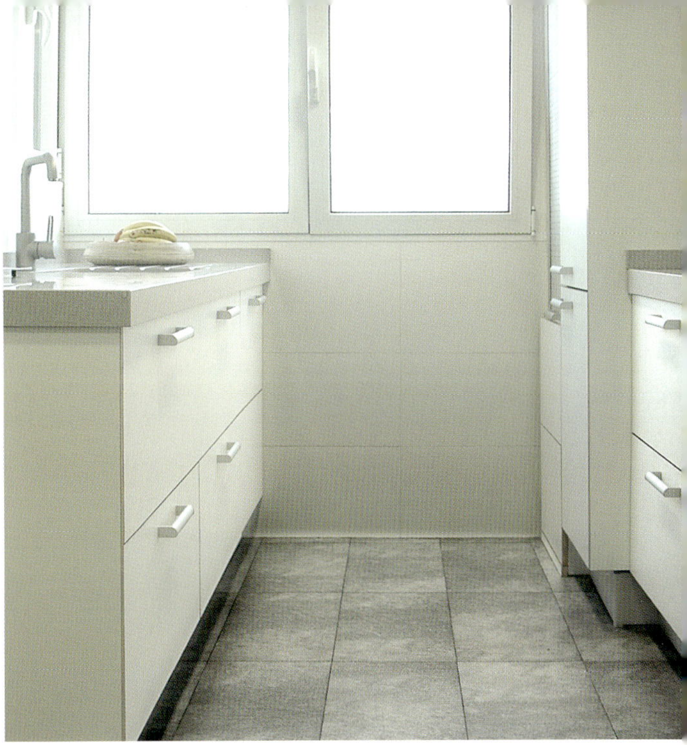

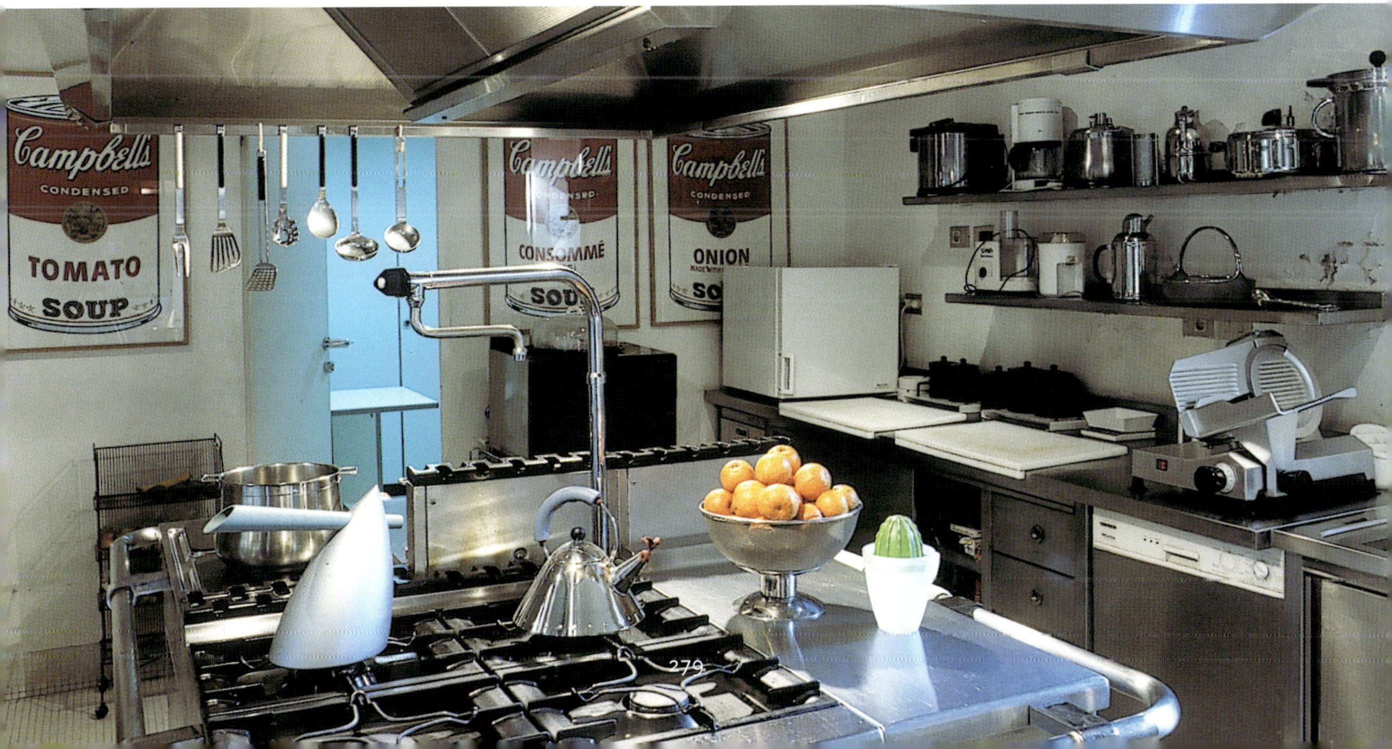
Campbell's
CONDENSED
TOMATO
SOUP
Campbell's
CONSOMMÉ
Campbell's
CONDENSED
ONION

SMEG

SMEG

LAROUSSE DE LA CUISINE

ARQUITECTURA Y DISEÑO

Miele

JUN 9 THU
SMEG

SME

PHILIPS

KENZO TANGE

poggen
pohl
poggen
pohl

274/275

Zu den Möbelstücken, die sich in modernen Küchen häufig finden, zählen Stühle in klassischem Design, wie zum Beispiel Arne Jacobsens 'Ant' und 'DCM' von Charles & Ray Eames.

Classically designed chairs, like Arne Jacobsen's 'Ant', and 'DCM' by Charles & Ray Eames, are furnishings frequently found in contemporary kitchens.

Les chaises de design classique, comme les modèles Ant d'Arne Jacobsen ou DCM de Charles et Ray Eames, font souvent partie du mobilier des cuisines contemporaines.

Klassieke stoelen als de Mier van Arne Jacobsen en DCM van Charles en Ray Eames kom je veel tegen in moderne keukens.

276/277

Sehr praktisch ist ein innerhalb der Küche eingerichteter Essbereich für den Alltag, der – je nach Platzverhältnissen – über frei stehende Tische oder Kücheninseln verfügt.

A dining area in the kitchen for daily use, with independent tables or islands depending on space, is very practical.

En fonction de l'espace disponible, un coin-repas situé dans la cuisine, avec une table indépendante ou une desserte, s'avère très pratique car il évite les déplacements.

Een eethoek in de keuken voor dagelijks gebruik met aparte tafels of eilanden, al naargelang de beschikbare ruimte, is erg praktisch.

278/279

Stahlmöbel oder -accessoires verleihen Küchen ein industrielles Flair – ein momentan äußerst beliebtes Stilmittel im Innendesign.

Steel furnishings or accessories lend kitchens an industrial air which is currently very fashionable in contemporary interior design.

La présence de mobilier et d'accessoires en acier confère aux cuisines un aspect industriel très en vogue dans les intérieurs contemporains.

Stalen meubels of accessoires geven keukens de industriële uitstraling die nu erg gewild is in moderne interieurs.

280/281

Die Kombination von Holz und Aluminium eignet sich hervorragend für Küchen, die sich durch klare Linien und glatte Flächen auszeichnen.

The combination of wood and aluminum is typical in kitchens which are defined by clean lines and smooth finishes.

L'association du bois et de l'aluminium est caractéristique des cuisines aux volumes épurés et aux surfaces lisses.

De combinatie van hout en aluminium is typerend voor keukens met strakke belijningen en gladde vlakken.

282/283

Küchen müssen anpassungsfähige Orte sein. Daher eignen sich freistehende Tische zu ihrer Einrichtung besonders gut.

Kitchens are flexible settings which adapt to whatever is needed and so freestanding tables are extremely practical.

Les cuisines sont des espaces flexibles qui doivent s'adapter aux nécessités du quotidien. Pour y parvenir, les tables d'appoint apparaissent comme le meilleur accessoire.

Een keuken is een flexibele omgeving die zich aanpast aan de behoeften van de bewoner. Vrijstaande tafels zijn hiervoor erg praktisch.

284/285

Die Farbe Rot ist in Kücheneinrichtungen ausgesprochen häufig zu sehen: Sie wird mit dem zum Kochen verwendeten Feuer in Verbindung gebracht und soll den Appetit anregen.

Red is associated with stimulating the appetite and with the fire used for cooking, which is why it is so often seen in kitchens.

La couleur rouge est souvent associée à l'appétit et à la chaleur des fourneaux, c'est pourquoi on la retrouve souvent dans les cuisines.

Omdat rood wordt geassocieerd met het opwekken van de eetlust en met het vuur waarop men kookt, wordt het vaak gebruikt in keukens.

286/287

Schlichtes und modernistisches Design gehen in minimalistisch inspirierten Küchen Hand in Hand – der großzügige Einsatz von Holz verleiht diesen Räumen eine warme Note.

Simplicity and modernism go together in these kitchens which were inspired by minimalism and where the predominance of wood brings warmth.

Simplicité et avant-gardisme vont de pair dans les cuisines d'inspiration minimaliste où la prédominance du bois est un signe de qualité.

Eenvoudig en modern gaan samen in deze keukens die geïnspireerd zijn op het minimalisme en waar het dominerende hout warmte uitstraalt.

288/289

Das Material Holz ist in unzähligen verschiedenen Varianten erhältlich, sodass es für jeden Geschmack etwas gibt: Eiche, Buche und Kirsche sind die am häufigsten verwendeten Holzarten.

Wood provides a wide range of options according to personal taste: oak, beech and cherry are the most commonly used.

Le bois permet d'offrir une large gamme d'options adaptées à tous les goûts. Le chêne, le hêtre et le cerisier sont les essences les plus utilisées.

Hout biedt een ruime keuze voor ieders persoonlijke smaak: eiken, beuken en kersenhout worden het meest gebruikt.

290/291

Arbeitsplatten aus Holz zeichnen sich durch Vielseitigkeit aus: Sie wirken sowohl in rustikalen als auch in ultramodernen Küchen.

The versatility of solid wood counters means they work well in either rustic or ultramodern kitchens.

Les revêtements en bois massif s'adaptent aussi bien aux cuisines rustiques qu'ultramodernes.

Massief houten keukenbladen zijn veelzijdig en passen zowel in rustieke als in ultramoderne keukens.

292/293

Modulschränke schaffen Stauraum und tragen zu mehr Ordnung bei. Fehlende Schrankgriffe unterstützen die minimalistische Wirkung.

Modular cupboards increase spatial capacity and the sense of order. The absence of handles suits minimalist environments.

Les placards modulaires augmentent la capacité de rangement et l'impression d'ordre. L'absence de tiroirs favorise les ambiances épurées.

Modulaire kasten vergroten de ruimtecapaciteit en maken een opgeruimde indruk. Het ontbreken van handvatten past bij een minimalistische omgeving.

294/295

Die neueste Generation von Dunstabzugshauben hat sich aufgrund ihrer schlichten Formen und einer nie da gewesenen Leistungsfähigkeit zu einem wichtigen Einrichtungsgegenstand für Küchen entwickelt.

With their simple shapes and high extraction capacity, the latest hoods have become one of the fundamental elements in the kitchen.

Les hottes aspirantes dernière génération, grâce à leurs formes épurées et à leur haute capacité d'aspiration, sont devenues un des éléments incontournables de la cuisine.

Met hun simpele vormen en grote zuigvermogen zijn de nieuwste afzuigkappen inmiddels een bekende verschijning in de keuken.

296/297

Der hitzebeständige und lebensmittelverträgliche Edelstahl stellt ein ideales Material für Arbeitsplatten dar.

Stainless steel is defined by its resistance to heat and by its compatibility with food. It is an ideal material for counters.

L'acier se distingue par sa résistance à la chaleur et par sa compatibilité avec les aliments. C'est une matière idéale pour les plans de travail.

Staal is bij uitstek hittebestendig en gaat goed samen met voedsel. Het is een ideaal materiaal voor keukenbladen.

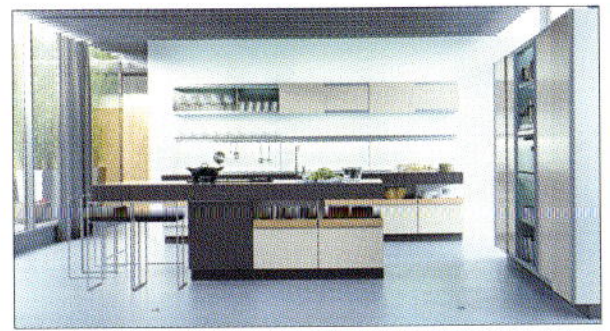

298/299

Diese Kücheninsel besteht aus einem geräumigen Modul, in dem die am häufigsten verwendeten Küchenutensilien untergebracht werden können.

This 'equipped island' is a module which offers storage for the cooking utensils used most often.

Cet îlot de cuisine est un module composé de meubles de rangement pour les ustensiles les plus utilisés pour cuisiner.

Dit volledig uitgeruste eiland is een module met opbergruimte voor het meest gebruikte kookgerei.

300/301

Aus Modulen zusammengesetzte Kücheninseln können je nach Platzverhältnissen und Nutzungsbedarf angepasst werden und ebenso als Essplatz wie auch als Aufbewahrungsort für Küchengegenstände dienen.

Islands made up of modules adapt to the needs of the space and its function, such as areas to eat and those for storage.

Les îlots s'adaptent aux besoins d'espace et de circulation, comme les zones pour manger et pour le rangement.

Eilanden die uit modules bestaan, laten zich aanpassen aan de ruimte en haar functie. Ze kunnen een plaats vormen om te eten of om spullen op te ruimen.

302/303

Herd und Spüle können in die Kücheninsel integriert oder in einer Ecke installiert werden. Die Verlängerungen können dabei als Essplatz dienen.

Areas for washing and cooking can form part of the same island or be set into the counter in extensions which can be used as small dining rooms.

Les zones de lavage et de cuisson peuvent faire partie d'un même îlot ou bien s'intégrer dans le plan de travail avec des extensions qui peuvent servir de coin-repas.

Was- en kookgedeelten kunnen deel uitmaken van hetzelfde eiland of in het keukenblad worden aangebracht door elementen die te gebruiken zijn als kleine eetruimten.

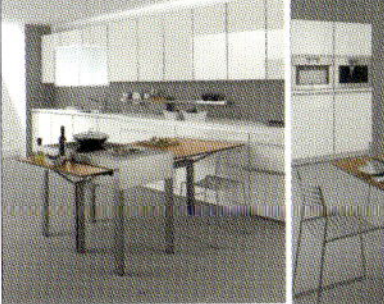

304/305

Bei einer Küche steht Funktionalität an erster Stelle, ebenso verhält es sich mit ausziehbaren Tischen, die sowohl in ihrer Größe als auch in ihrer Nutzbarkeit über eine hohe Flexibilität verfügen.

Kitchens must be totally functional and so extending tables which adapt to the space and use are ideal.

Les cuisines doivent être totalement fonctionnelles. Dans ce contexte, les tables extensibles qui s'adaptent aux différents espaces et usages sont un complément idéal.

Keukens moeten boven alles functioneel zijn. Uitschuifbare tafels zijn daarom ideaal, zij zijn zowel in grootte als in toepassing zeer flexibel.

306/307

Farbliche Einheit in der Küche lässt den Raum hygienisch wirken; gleichzeitig entsteht der Eindruck von Geräumigkeit und Ordnung.

Chromatic unity in kitchens looks hygienic, while at the same time reinforcing the feeling of size and order.

L'unité chromatique contribue à donner aux cuisines une impression d'ordre tout en renforçant l'effet de volume.

Eenheid in kleur oogt hygiënisch in een keuken en zorgt voor een ruimere en nettere indruk.

308/309

Mit einer direkten Beleuchtung kann der Arbeitsbereich hervorgehoben und eine wohnliche Atmosphäre geschaffen werden.

Lighting directly over the counters brings the focus of attention to the work area and creates a more intimate atmosphere.

Les zones de lavage et de cuisson peuvent faire partie d'un même îlot ou s'intégrer dans le plan de travail, lequel peut aussi accueillir un coin-repas.

Verlichting recht boven het keukenblad vestigt de aandacht op het werkgedeelte en schept een intieme sfeer.

310/311

Das innovative und sehr widerstandsfähige Material Quarz verleiht diesen Küchen durch weiße Arbeitsflächen ein ultramodernes Flair.

Quartz, an innovative and very resistant material, lends an ultramodern air to these kitchens with white counters.

Matière originale et très résistante, le quartz confère un aspect ultramoderne à ces cuisines au plan de travail blanc.

Kwarts, een innovatief en zeer robuust materiaal, geeft deze keuken met witte keukenbladen een hypermoderne uitstraling.

312/313

Heute genügen Küchen den verschiedensten Ansprüchen des täglichen Lebens, sie werden auch als Ort für das Frühstück oder ein schnelles Mittagessen genutzt und verfügen daher häufig über einen Essbereich.

For breakfasts and quick lunches, one of today's tendencies is to put offices in the kitchen, as a practical solution for everyday life.

Que ce soit pour le petit-déjeuner ou pour des repas rapides, les tendances actuelles favorisent des cuisines avec table d'appoint comme solution à la praticité quotidienne.

Voor het ontbijt en de snelle lunch is er nu de trend om een werkblad in de keuken aan te brengen.

314/315

Kücheninseln, die über genügend Stauraum sowie ein Spülbecken und einen Herd verfügen, sind optimal geeignet für den Einsatz in Loftwohnungen.

Islands which house storage, a sink and a hob are a wonderful advantage in loft type properties.

Les îlots avec espaces de rangement, zone de lavage et de cuisson, sont très pratiques pour les appartements de type loft.

Eilanden met opbergruimte, een gootsteen en een kookstel zijn ideaal in loftachtige woningen.

316/317

Schrankmodule in unterschiedlichen Farben geben eher streng wirkenden Räumen eine Note von Individualität.

A combination of colors in the storage modules provides an original touch in more structured environments.

La combinaison des couleurs dans les modules de rangement ajoute une note d'originalité dans les ambiances très froides.

De kleurencombinatie van de opbergmodules geeft een originele touch aan de nogal strakke omgeving.

318/319

Die Wände offener Küchen können in unterschiedlichen Farben gestrichen werden, um sie optisch von ihrer Umgebung abzugrenzen.

To emphasize the kitchen area in open spaces, a different color can be applied to the wall under the counter.

Pour mettre en valeur la partie réservée à la cuisine dans les espaces ouverts, on peut appliquer une couleur différente au mur du plan de travail.

In een open ruimte kun je het keukengedeelte accentueren door de muur achter het keukenblad een andere kleur te geven.

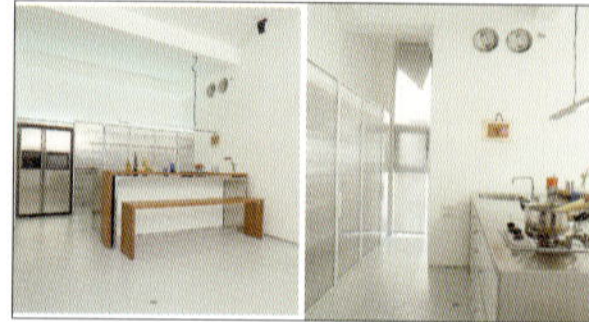

320/321

Um ein Gefühl von Ordnung zu wahren, können Schränke mit Klappen aus geriffeltem Glas versehen werden.

Hiding the contents of the cupboards maintains a feeling of order, and can be done using these corrugated glass covers.

Pour préserver une impression d'ordre, il convient de dissimuler le contenu des placards avec, par exemple, ces portes en verre cannelé.

Met dit soort geribbeld glas kun je de inhoud van de kasten aan het zicht onttrekken, zodat de keuken een opgeruimde indruk maakt.

322/323

Weiße Farbe, Stahl und Transparenz: eine Kombination, die in modernen Küchen ihre Wirkung nie verfehlt.

White, steel and transparency: a formula which never fails in structuring modern kitchens.

Recette infaillible pour structurer une cuisine moderne : du blanc, de l'acier et des transparences.

Wit, staal en transparantie: altijd een geslaagde formule bij de vormgeving van moderne keukens.

324/325

Gerade Linien und geometrische Formen sind in modernen Küchen häufig eingesetzte Stilelemente.

Contemporary kitchens tend to be decorated simply, with a predominance of straight lines and geometric forms.

Les cuisines contemporaines privilégient une décoration simple, où prédominent lignes droites et formes géométriques.

Eigentijdse keukens hebben meestal een eenvoudige aankleding, met de nadruk op rechte lijnen en geometrische vormen.

326/327

Küchen, in denen Stahl und neutrale Farben dominieren, erhalten durch Holzböden eine warme Note.

Wooden floors provide warmth in kitchens where steel and neutral colors dominate.

Le parquet apporte de la chaleur aux cuisines où l'acier et les couleurs neutres sont très présents.

Een houten vloer zorgt voor warmte in keukens waar staal en neutrale kleuren overheersen.

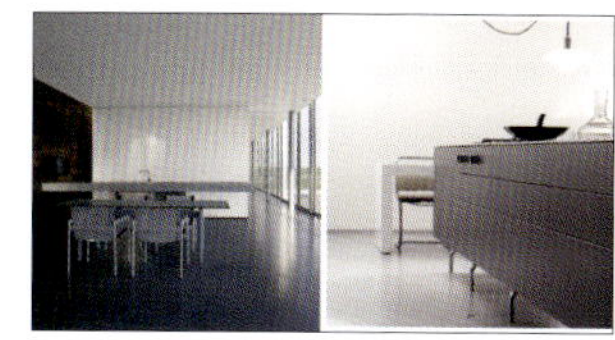

328/329

Licht ist ein unverzichtbares Element. Fehlt das natürliche Tageslicht, empfiehlt sich der Einsatz von weißer Beleuchtung.

Light is a fundamental factor. If there is no natural light the illumination should be white.

La lumière joue un rôle essentiel. Si l'on ne dispose pas de lumière naturelle, il importe que les accessoires d'éclairage soient de couleur blanche.

Licht is een essentiële factor. Als er geen natuurlijk licht is, moet de verlichting wit zijn.

330/331

Accessoires in leuchtenden Grundfarben verleihen einfarbig gehaltenen Küchen eine dynamische Atmosphäre.

Accessories in intense and primary colors create a dynamic atmosphere in monochromatic kitchens.

Les accessoires de couleurs intenses et primaires composent des ambiances dynamiques dans les cuisines monochromatiques.

Accessoires in diepe en primaire kleuren scheppen een dynamische sfeer in effenkleurige keukens.

332/333

Unter den Neuheiten in der Küchenwelt finden sich unter anderem aus Harz und Mineralien hergestellte Marmor-Arbeitsplatten sowie natürliches Quarz enthaltende Silestone-Arbeitsflächen in leuchtenden Farben.

Marble counters made from resins and minerals, and silestone counters with natural quartz in vibrant colors, are among current innovations in kitchens.

Parmi les dernières innovations pour la cuisine, on trouve des plans de travail en marbre, formé avec des résines et des minéraux, ou en Silestone, composé d'un quartz naturel de couleurs vives.

Marmeren keukenbladen van harsen en mineralen en Silestone-bladen met natuurlijke kwarts in stralende kleuren zijn innovaties op keukengebied.

334/335

Durch ihre Frische und Intensität bilden die Farben Grün und Rot eine ideale Bereicherung für moderne Küchen mit geradliniger Einrichtung und glänzenden Flächen.

The fresh, intense character of green and red make them ideal for modern kitchens where straight lines and shiny surfaces predominate.

De par leur caractère vif et intense, le vert et le rouge sont des couleurs idéales pour les cuisines modernes, où prédominent les lignes droites et les surfaces brillantes.

Groen en rood zijn door hun frisse, intense karakter ideaal voor moderne keukens waarin rechte lijnen en glimmende oppervlakken domineren.

336/337

Stein ist ein praktisches und leicht zu reinigendes Material, das sich für die Wandverkleidung und als Bodenbelag optimal eignet.

Whether covering floors or walls, stone is a practical material which is easy to keep clean.

Qu'elle soit présente sur les revêtements muraux ou sur les sols, la pierre est une matière pratique qui garantit une parfaite propreté.

Steen, op de vloer of de muren, is een praktisch materiaal dat makkelijk schoon te houden is.

338/339

In Kombination mit leuchtenden Farben erhält die seit jeher in Küchen verwendete klassische Farbe Weiß eine neue Dimension.

Traditional white in kitchens acquires a new dimension when combined with intense colors.

Le blanc traditionnel de la cuisine acquiert une dimension nouvelle quand il se combine avec des couleurs intenses.

Traditioneel wit in keukens krijgt een extra dimensie als je het combineert met diepe kleuren.

340/341

In heutigen Küchen zählt ausreichend Platz zu den wichtigsten Grundlagen – ein Raum ohne Hindernisse bietet eine optimale Voraussetzung zum Wohlfühlen.

Spaciousness is a basic concept in kitchens today, and the absence of obstacles is essential to feel comfortable.

Le volume est un concept incontournable des cuisines actuelles. L'absence d'obstacles est essentielle pour des déplacements optimisés.

Ruimte in keukens is tegenwoordig een wezenlijke factor. De afwezigheid van obstakels is essentieel voor een comfortabele keuken.

342/343

In die Küche integrierte Essplätze passen sich sowohl im farblichen Design als auch in der Verwendung der Materialien an die Küche an.

Dining areas which are integrated follow the same decorative scheme as the kitchen in colors and materials.

Les salles à manger intégrées prolongent, par leur esthétique, le ton donné par les couleurs et matières présentes dans la cuisine.

Geïntegreerde eetruimten sluiten in kleur- en materiaalgebruik aan bij de keuken.

344/345

Holz verleiht mit Edelstahl-Arbeitsplatten ausgestatteten Küchen eine warme Atmosphäre. In jüngster Zeit wird diese Kombination in der Innenarchitektur immer häufiger eingesetzt.

Wood brings warmth to kitchens with stainless steel counters. This combination is becoming very popular among young interior designers.

Le bois apporte de la chaleur aux cuisines équipées d'un plan de travail en acier inoxydable. Cette combinaison fait de plus en plus d'émules.

Hout brengt warmte in keukens met roestvrij stalen keukenbladen. Deze combinatie wordt steeds populairder in moderne interieurs.

346/347

Die außergewöhnlich große Dunstabzugshaube besitzt neben ihrer Eigenschaft als dekorativer Einrichtungsgegenstand einen hohen Funktionalitätswert.

The decorative hood, which is exceptionally wide, is also functional.

La hotte, d'une largeur exceptionnelle, s'impose comme élément à la fois esthétique et fonctionnel.

De decoratieve afzuigkap, die uitzonderlijk breed is, is ook functioneel.

348/349

Großer Beliebtheit erfreuen sich Holzimitate, bei denen die Maserung bis in jede Einzelheit zu erkennen ist.

Materials which look like wood with the grain exposed are becoming more popular.

Le recours aux laminés imitant le bois avec ses veines apparentes est une tendance qui gagne du terrain.

Materialen die eruitzien als hout met een zichtbare nerf worden steeds populairder.

350/351

In geräumigen Küchen, in denen das Deckenlicht bereits vollständig ausreicht, können einzelne Bereiche durch punktuelle Beleuchtung zusätzlich hervorgehoben werden.

In large kitchens where lighting in the ceiling illuminates the whole space, additional light fittings can be added to highlight specific areas.

Dans les cuisines de grandes dimensions, outre l'éclairage général qui illumine tout l'espace, les lampes d'appoint permettent de mettre en valeur des zones spécifiques.

In grote keukens waar verlichting in het plafond de hele ruimte verlicht, kun je extra lampfittingen aanbrengen om bepaalde delen te accentueren.

352/353

Möbelstücke für die Aufbewahrung halten in Form von Küchenwagen und Modulschränken Einzug in die moderne Küche. Sie entpuppen sich als nützliche Helfer, die Ordnung schaffen und die Arbeit erleichtern.

Furnishing designed for storage has evolved towards drawers on rails and integrated modules which help keep things tidy and make work easier.

Le mobilier de rangement a évolué vers des caissons sur roues et des modules intégrables qui favorisent l'ordre et facilitent le travail.

Opbergmeubels hebben nu vooral laden met rails en geïntegreerde modules die de keuken netjes houden en het werk vereenvoudigen.

354/355

Die Beleuchtung passt sich an die vorhandenen Formen und Farben an und verleiht Küchen mit integriertem Essplatz somit eine individuelle Note.

Lighting adapts to the predominant shapes and colors, and gives character to kitchens with an office.

Les accessoires d'éclairage s'adaptent aux formes et aux couleurs prédominantes et ils donnent du caractère aux cuisines.

De verlichting past zich aan de dominante vormen en kleuren aan en geeft woonkeukens.

356/357

Modulküchen erlauben die verschiedensten Einrichtungsmöglichkeiten, von der traditionellen L-förmigen Gestaltung bis hin zu wellenförmig aufgebauten Spülen.

Modular structures enable the formation of different shapes, from the traditional 'L' shape to sinuous lines.

Les structures modulaires permettent un jeu de contours qui va de la traditionnelle forme en "L" jusqu'à des lignes arrondies pour les éviers.

Met modules kun je verschillende vormen creëren, van de traditionele L-vorm tot de gewelfde lijnen van de gootsteen.

358/359

In Räumen mit monochromatischer Gestaltung übernehmen Möbel und Einrichtungsgegenstände die führende Rolle.

When the chromatic palette is dominated by just one color volumes take over as predominant.

Lorsque la palette chromatique est dominée par une seule couleur, l'effet de volume est amplifié.

Als er één kleur overheerst, gaan de meubels en inrichtingselementen domineren.

360/361

Über der Arbeitsplatte im Bereich der Spüle angebrachte fluoreszierende Leuchtröhren lassen den Arbeitsbereich wie einen eigenständigen Raum wirken.

Fluorescent tube lighting over the counter around the sink highlights the work area.

Le choix d'un éclairage par tubes fluorescents au-dessus de l'évier délimite clairement la zone de travail.

TL-verlichting boven het keukenblad rond de gootsteen accentueert het werkgedeelte.

362/363

In der Gestaltung der skulpturartig geformten Armaturen der Spüle ist der Einfluss industriellen Designs unverkennbar.

The influence of industrial design is evident in the fittings on the sink, which have sculptural dimensions.

L'influence du design industriel transparaît dans la robinetterie, qui revêt des dimensions sculpturales.

De invloed van industrieel design is duidelijk te zien in de onderdelen van de gootsteen, die een sculpturaal karakter hebben.

364/365

Neuartige Formen, attraktive Farben und dekorative Materialien haben die Dunstabzugshaube zu einem gleichermaßen schmückenden wie funktionalen Einrichtungsgegenstand werden lassen.

Their impressive shapes, colors and materials have made the hoods in kitchens an electrical appliance which is decorative as well as functional.

Par leurs formes impressionnantes, leurs couleurs et leurs matières, les hottes sont désormais aussi décoratives que fonctionnelles.

Door zijn indrukwekkende vormen, kleuren en materialen is de afzuigkap een elektrisch keukenapparaat dat zowel decoratief als functioneel is.

366/367

Dank glatter Flächen und geradliniger Formen erhalten Küchen ein industrielles Flair und sind zudem pflegeleicht. Intensive Farben lassen den Raum heimeliger wirken.

Kitchens acquire an industrial air thanks to smooth surfaces and angular finishes, which are practical. The use of intense colors produces warmth.

Le recours à des couleurs intenses apporte de la chaleur à la pièce.

Gladde oppervlakken en strakke hoeken, die praktisch zijn, geven keukens een industriële uitstraling. Het gebruik van diepe kleuren zorgt voor warmte.

368/369

Die Gestaltung des Bodenbelags kennzeichnet die Küche als eigenen Raum. Hier erfüllen Fliesen im Schachbrettmuster diese Funktion.

One way of defining the kitchen area is on the floor. In this case the tiles combined in different tones like a checkerboard separate the dinning area.

On peut délimiter l'espace cuisine par le choix d'une matière spécifique pour le sol. Dans ce cas, la combinaison du carrelage dans différents tons à la manière d'un damier permet de séparer nettement la cuisine de la salle à manger.

Je kunt de keuken afgrenzen met behulp van de vloer. Hier vormen de tegels een dambordvloer die het eetgedeelte afbakent.

BADEZIMMER

BATHROOMS

SALLES DE BAIN

BADKAMERS

Im Badezimmer wurde bis vor wenigen Jahren meist wenig auf individuelles, modernes Design geachtet. Heute hingegen wird darauf ähnlich viel Wert gelegt wie bei anderen Räumen. Mit neuen Materialien für Bodenbeläge und Wandverkleidungen sowie innovativen Formen bei der Ausstattung und den Armaturen ist eine neue Generation von Badezimmern entstanden. Diese Räume dienen nicht mehr nur der täglichen Körperhygiene, sondern sind zu Orten geworden, an denen man Energie tanken und entspannen kann.

A room which used to be a place that did not merit special attention is today given the same aesthetic importance as any other area. With new materials for floors and walls and the innovative shapes of fixtures and fittings, a new generation of bathrooms has emerged, and they are as attractive as they are functional. This is the result of a new concept by which these rooms have moved beyond their purely hygienic function and become places to relax which meet the needs of the household.

Ce lieu jusqu'il y a peu étranger au design jouit aujourd'hui de la même attention que les autres pièces. Grâce aux nouveaux revêtements et aux formes innovantes des appareils sanitaires et de la robinetterie, une nouvelle génération de salles de bains esthétiques et fonctionnelles a vu le jour. C'est le résultat d'une nouvelle conception selon laquelle ces espaces ont dépassé leur fonction purement hygiénique pour se transformer en véritables centres de bien-être pour les habitants de la maison.

Aan deze ooit onbelangrijk gevonden ruimte wordt nu evenveel esthetisch belang gehecht als aan de andere vertrekken. Met nieuwe materialen voor vloeren en muren en innovatieve meubels en accessoires treedt een nieuwe generatie badkamers voor het voetlicht, die even aantrekkelijk als functioneel zijn. Deze ruimten zijn boven hun zuiver hygiënische functie uitgetild om tot plaatsen van ultieme ontspanning te worden, overeenkomstig de behoeften van de bewoners.

212

VERSACE

378/379

Um eine Verbindung zwischen Badezimmer und Schlafzimmer herzustellen, eignen sich „schwebende" Ablageflächen.

'Floating' counters are visually light and contribute to integrating the bathroom into the bedroom.

Les plans en saillie sont légers et contribuent à l'intégration de la salle de bains dans la chambre.

'Zwevende' werkbladen zien er licht uit en integreren de badkamer in de slaapkamer.

380/381

Das besondere Design einer außergewöhnlichen Badezimmerausstattung kommt in einem Raum, der in nur einem Farbton gehalten ist, besonders gut zur Geltung.

One basic palette of colors in the bathroom highlights fittings of an unusual design.

Les éléments sanitaires au design original sont mis en valeur dans une ambiance dominée par une palette de couleurs basiques.

Eén basiskleur in de badkamer benadrukt ongebruikelijk ontworpen accessoires en elementen.

382/383

Badezimmer werden nicht mehr von einer kühlen Atmosphäre dominiert, sondern haben sich durch den Einsatz von Farben in Räume mit einer warmen Ausstrahlung verwandelt.

Bathrooms are no longer cold in style but have been transformed into warm spaces by the use of color.

Grâce à la couleur, les salles de bains ont abandonné leur esthétique froide pour se transformer en espaces chaleureux.

Badkamers zien er niet langer kil uit, maar zijn door het gebruik van kleur veranderd in warme ruimten.

384/385

Durch neuartige Behandlungsmethoden kann Holz feuchtigkeitsbeständig gemacht und daher in der Badezimmerausstattung eingesetzt werden.

New anti-damp treatments mean that wood can be used in bathroom fittings.

Les nouveaux traitements contre l'humidité permettent l'utilisation du bois dans les équipements sanitaires et les revêtements.

Door nieuwe vochtwerende behandelingen kan hout gebruikt worden bij de inrichting van badkamers.

386/387

Stein eignet sich aufgrund seiner Feuchtigkeitsbeständigkeit besonders gut zur Verwendung im Badezimmer.

The anti-damp properties of stone make it the ideal material for bathrooms.

L'action anti-humidité de la pierre fait de celle-ci un revêtement idéal pour les salles de bains.

De vochtbestendige eigenschappen van steen maken het tot het ideale materiaal voor badkamers.

388/389

Glasmosaike lassen das Badezimmer hell wirken. Ein modernes Flair entsteht dabei in der Kombination mit Fliesen.

Vitreous mosaics create light bathrooms and the original combinations of tiles update the style.

Les mosaïques vitrées créent des salles de bains lumineuses et les carreaux aux combinaisons originales renouvellent l'esthétique.

Glasmozaïek zorgt voor lichte badkamers en met originele combinaties oogt de badkamer modern.

390/391

Abgerundete Waschbecken, deren Gestaltung sich an antiken Formen orientiert, sehen nicht nur wunderschön aus, sondern sind auch äußerst praktisch in der Benutzung.

Rounded washbasins, inspired by the old hand basins, are beautiful and comfortable to use.

Les lavabos aux formes arrondies, inspirés des anciens lave-mains, apportent beauté et confort.

Ronde wastafels, gebaseerd op de oude wasbakken, zijn mooi en comfortabel in het gebruik.

392/393

Auf ganz bestimmten Flächen angebracht, können Mosaike die farbliche Monotonie durchbrechen.

Mosaics on selected surfaces break up the chromatic monotony.

Les mosaïques, appliquées sur des surfaces choisies, brisent la monotonie chromatique de l'espace.

Door glasmozaïek selectief toe te passen doorbreek je eentonigheid in kleur.

394/395

Ein Whirlpool fügt sich optimal in die Umgebung ein, wenn er mit dem gleichen Material wie der Boden verkleidet ist.

The Jacuzzi blends in by being set in a surround of the same material used to cover the floor.

L'emploi d'une couleur similaire pour le revêtement du sol et pour l'estrade du jaccuzzi permettrait d'intégrer visuellement celui-ci à la pièce.

De jacuzzi gaat op in het geheel doordat hij op een verhoging is geplaatst die bedekt is met hetzelfde materiaal als de vloer.

396/397

Metall passt besonders gut in ein Badezimmer, das über klare Linien und Stein- oder polierte Betonflächen verfügt.

Metal combines well in bathrooms that have pure lines and stone or polished cement surfaces.

Le métal s'intégre parfaitement dans les salles de bains aux lignes épurées et au revêtement de pierre ou de ciment poli.

Metaal doet het goed in badkamers met strakke lijnen en stenen of gepolijste betonnen oppervlakken.

398/399

Um mit der farblichen Monotonie zu brechen und dem Badezimmer Charakter zu verleihen, genügen bereits einige wenige farbliche Details.

A detail of color breaks the chromatic monotony of a bathroom and adds character.

Pour rompre la monotonie chromatique et apporter de la personnalité à la salle de bains, il suffit d'ajouter une touche de couleur.

Een gekleurd detail doorbreekt de eentonigheid in kleur en voegt karakter toe.

400/401

Große Fließen in hellen Farben lassen ein Badezimmer geräumiger wirken.

The use of big tiles in light colors makes bathrooms appear larger.

Les salles de bains semblent acquérir du volume quand elles sont revêtues de carrelages de grand format et de couleurs claires.

Badkamers lijken groter als ze betegeld zijn met grote tegels in lichte kleuren.

402/403

Ungewöhnliche farbliche Akzente – zum Beispiel in Grün – verleihen dem Badezimmer eine moderne Note.

A modern look is created by using a small quantity of a color which is not traditional in bathrooms, such as green.

Pour apporter un peu de modernité à la salle de bains, on appliquera des petites touches de couleur peu courante, comme le vert.

Badkamers zien er modern uit door wat van een kleur te gebruiken die niet gebruikelijk is in badkamers, zoals groen.

404/405

Wird bei der Badezimmereinrichtung Stein verwendet, so empfiehlt es sich, Möbel und Schränke in ähnlichen Farbtönen zu halten.

When using stone it is advisable to continue the same chromatic range in the furnishings and fittings.

Quand le revêtement est en pierre, il convient d'appliquer une même gamme chromatique au mobilier et aux appareils sanitaires.

Bij het gebruik van steen is het raadzaam hetzelfde kleurengamma te gebruiken in het meubilair en de inrichting.

406/407

Eine der neuesten Tendenzen ist durch geometrische Formen für alle Einrichtungsgegenstände gekennzeichnet.

One of the latest trends is the predominance of geometric shapes in all components.

Une des dernières tendances consiste dans la prédominance de formes géométriques dans tous les composants.

Een nieuwe trend zijn de geometrische lijnen en vormen van allerlei componenten.

408/409

Die minimalistischen geraden Linien und natürlichen Farbe machen sich besonders gut in diesen Räumen.

Straight lines and natural colors contribute to the minimalist style which is ideal in these spaces.

Les lignes droites et les couleurs naturelles renvoient à une esthétique minimaliste, idéale pour ces espaces.

Rechte lijnen en natuurlijke kleuren dragen bij aan de minimalistische stijl die ideaal is voor deze ruimten.

410/411

Indirekte Beleuchtung schafft eine intime, zur Entspannung einladende Atmosphäre.

Indirect lighting creates an intimate atmosphere which is conducive to relaxation.

L'éclairage indirect crée une ambiance intimiste propice à la relaxation.

Indirecte verlichting schept een intieme sfeer die bevorderlijk is voor het ontspannen.

412/413

Armaturen und Accessoires aus Metall erfreuen sich dank ihrer stilisierten Formen großer Beliebtheit.

The stylized shapes of faucets and metal accessories create focal points.

La présence de la robinetterie et des accessoires métallisés est renforcée par leurs formes stylisées.

De gestileerde vormen van kranen en metalen accessoires springen in het oog.

414/415

Dank ihres großen Stauraums stellen Unterschränke die optimale Lösung dar, um im modernen Badezimmer Ordnung zu halten.

The capacity for storage under the washbasin provides a solution for the order needed in modern bathrooms.

La grande capacité des meubles sous le lavabo s'accorde à l'exigence d'ordre propre aux ambiances modernes.

Door de opbergruimte in een wastafelmeubel houd je moderne badkamers strak en netjes.

416/417

Durch die mutige Verwendung von Formen und Farben wird das Badezimmer zu einem sinnlichen Erlebnis.

Modern design means bathrooms now provide a sensory experience.

La révolution chromatique et formelle est arrivée dans les salles de bains, pour les transformer en une expérience sensorielle.

Modern ontwerp houdt in dat de badkamer van nu een zintuiglijke ervaring biedt.

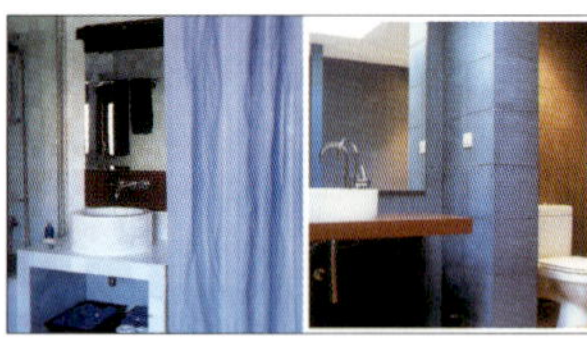

418/419

Duschabtrennungen aus Glas sind teuer, aber auch wesentlich attraktiver als Duschvorhänge.

Glass doors for showers are more expensive than curtains but more stylish.

Les cloisons en verre pour la douche sont plus chères que les rideaux, mais aussi plus stylisées.

Glazen douchedeuren zijn duurder dan douchegordijnen, maar ook een stuk stijlvoller.

420/421

Natürliche Materialien wie Bambus verleihen dem Raum eine warme Note.

Natural materials such as bamboo provide a touch of warmth.

Les matières naturelles, comme le bambou, apportent une touche de chaleur.

Natuurlijke materialen zoals bamboe zorgen voor een vleugje warmte.

422/423

Der Kontrast der Farbe Blau mit der Wärme von Holz sorgt für eine reizvolle Atmosphäre.

The contrast of the color blue with the warmth of the wood creates a pleasant atmosphere.

Le contraste entre le bleu et la chaleur du bois génère une ambiance d'un grand attrait visuel.

Het contrast van de kleur blauw met de warmte van het hout schept een prettige atmosfeer.

424/425

Die Zeiten, in denen ein Badezimmer einen rein funktionalen Raum darstellte, sind vorbei – dekorative Gegenstände sind mittlerweile eine Selbstverständlichkeit.

The bathroom is no longer simply a functional space and can now include decorative objects.

La salle de bains est plus qu'un simple espace fonctionnel ; elle s'égaye par la présence d'objets décoratifs.

De badkamer is niet langer slechts een functionele ruimte en mag nu decoratieve elementen bevatten.

426/427

Bei den Duscharmaturen dominieren glänzendes oder mattes Chrom und ein schlichtes Design.

Matt or shiny chrome and simple designs predominate in shower fittings.

Les chromés – mats ou brillants – et le design sans angle prédominent pour la robinetterie de douche.

Mat of glanzend metaal en simpele ontwerpen overheersen bij douchekoppen, kranen en accessoires.

428/429

Die Verwendung der Farbe Schwarz – einst in Badezimmern undenkbar – gilt nun als avantgardistisch.

Traditionally not used in the bathroom, black is now considered *avant guarde*.

La couleur noire, traditionnellement bannie de la salle de bains, s'impose aujourd'hui comme une tonalité avant-gardiste.

Zwart, traditioneel niet in de badkamer gebruikt, wordt nu zeer stijlvol gevonden.

430/431

Das moderne Badezimmer ist eine Stätte der Erholung und Entspannung.

Contemporary bathrooms have become sanctuaries of well-being.

Les salles de bains contemporaines sont devenues des sanctuaires du bien-être.

Hedendaagse badkamers zijn tempels van welbevinden geworden.

432/433

Die meisten Haushalte können sich den mittlerweile erschwinglich gewordenen Luxus einer Hydrotherapie-Dusche leisten.

Far from being expensive, today most households can afford a hydrotherapy cabin at home.

Considérée encore récemment comme un produit de luxe, la cabine de douche avec hydromassage est aujourd'hui accessible au plus grand nombre.

Tegenwoordig kunnen de meeste huishoudens het zich veroorloven een hydrotherapiecabine in huis te hebben.

434/435

Ein Paravent kann in einem Badezimmer äußerst elegant wirken.

Screens present an elegant solution in the bathroom.

Le recours à un paravent est parfois une solution élégante pour une salle de bains.

Schermen vormen een elegante oplossing in de badkamer.

436/437

Das moderne Badezimmer zeichnet sich durch ein Spiel von Transparenz und Kontrast aus.

Contemporary bathrooms are created by using transparencies and contrasts.

Les jeux de contrastes et de transparences caractérisent la salle de bains contemporaine.

Een moderne badkamer kenmerkt zich door helderheid en contrasten.

438/439

Mithilfe von aufeinander abgestimmten Farben bei Ablageflächen und Waschbecken wird das farbliche Einerlei aufgehoben.

Washbasins and counters in combining colors break the chromatic unity of the room.

Les surfaces colorées et les lavabos combinés rompent l'unité chromatique des revêtements.

Wastafels en werkbladen in op elkaar afgestemde kleuren doorbreken de eentonigheid in kleur.

440/441

Badarmaturen werden durch ergonomische Formen zu Designerstücken.

Bathroom fittings in ergonomic shapes have become designer furnishings.

Les équipements sanitaires adoptent des formes ergonomiques et se transforment en objets de design.

Ergonomisch gevormde badkameraccessoires zijn staaltjes van design geworden.

442/443

Die Leichtigkeit und Frische von Glaswaschbecken erinnert an natürliche Wasserquellen.

The lightness of glass hand basins echoes natural sources of water.

La légèreté des lavabos en verre rappellent les sources d'eau naturelles.

De lichtheid van glazen wasbakken weerspiegelt die van natuurlijke waterbronnen.

444/445

Das Badezimmer besitzt aufgrund des Farbschemas – trotz der rustikalen Textur des Steines – ein modernes Flair.

Despite the rustic texture of the stone, the color scheme gives the bathroom a modern air.

Malgré la texture rustique de la pierre, la salle de bains revêt un caractère moderne grâce à son unité chromatique.

Ondanks de rustieke structuur van de steen verleent het kleurenschema de badkamer een moderne sfeer.

446/447

Trennwände aus Glas definieren dezent den Badezimmerbereich.

Glass screens subtly define the area of the bathroom.

Les paravents en verre définissent la zone de la salle de bains d'une manière subtile.

Glazen schermen markeren op subtiele wijze de ruimte van de badkamer.

448/449

Der Begriff Wellness gewinnt in mit einem Whirlpool ausgestatteten Badezimmern eine völlig neue Bedeutung.

Baths equipped to become Jacuzzis produce a feeling of well-being.

Les baignoires-jacuzzi accentuent le concept de bien-être de les salles de bains.

Badkamers die zijn uitgerust met een jacuzzi geven een extra dimensie aan het begrip 'wellness'.

450/451

Die optische Dominanz der unverputzten Betonwände erfährt durch die Holzoberflächen einen Ausgleich.

The impact of the exposed cement is reduced by the wood finishes.

La finition en bois réduit l'impact du ciment apparent.

De impact van het zichtbare beton wordt verminderd door de houten afwerking.

452/453

Duschabtrennungen aus Glas sind pflegeleicht und langlebig.

Glass shower doors are easy to maintain and to clean.

Les cloisons de douche en verre sont plus faciles à nettoyer.

Glazen douchedeuren zijn gemakkelijk te onderhouden en schoon te maken.

454/455

Mit dem Einsatz hochwertiger Materialien und dem originellen Design können Badezimmer zu einem wahren Blickfang werden.

Made from top quality materials and with original designs, baths have become real focal points.

Réalisées en matières nobles et originales, les baignoires sont devenues des éléments essentiels du décor.

Gemaakt van kwalitatief hoogwaardige materialen en in originele ontwerpen zijn baden echte blikvangers geworden.

456/457

Ästhetik und Design spielen im modernen Badezimmer mittlerweile eine ebenso wichtige Rolle wie im Schlaf- und Wohnzimmer.

Design and color schemes in modern bathrooms are as important as those in other rooms.

Les salles de bains bénéficient du même soin apporté à l'esthétique que d'autres pièces, comme le salon ou la chambre à coucher.

Ontwerp en kleurencombinaties zijn in moderne badkamers net zo belangrijk als in andere kamers.

458/459

In einem häufig von mehreren Personen benutzten Badezimmer liegen die Vorteile von zwei Waschbecken auf der Hand.

It can be practical to install two washbasins in the same bathroom.

Deux lavabos dans la même salle de bains : une bonne option quand plusieurs personnes utilisent les lieux simultanément.

Het kan praktisch zijn om twee wastafels in één badkamer te plaatsen.

460/461

Sogar Heizkörper werden zu Designerstücken – sie entpuppen sich somit als Gebrauchsgegenstände, die funktional sind und zugleich den höchsten ästhetischen Ansprüchen genügen.

Design has given radiators greater importance and they have become both functional and decorative.

Les radiateurs ont gagné en design, et participent également à l'esthétique de la pièce.

Door het moderne design zijn radiators in de badkamer nu zowel functioneel als decoratief.

462/463

Das moderne Design hat auch die Toilette erreicht, die nun intelligente Mechanismen, verbesserte Hygiene und Eleganz in sich vereinen.

Toilets have become more stylish and incorporate intelligent mechanisms for improved hygiene.

Les cuvettes ont gagné en esthétique et en fonctionnalité, avec des prestations intelligentes qui favorisent l'hygiène.

Toiletten zijn stijlvoller geworden en bevatten intelligente mechanismen voor een betere hygiëne.

464/465

Mit neuartigen Funktionen versehene Waschbecken in originellen Formen gehören in jedes moderne Badezimmer.

Washbasins with sculptured shapes and modern functions form part of the contemporary bathroom.

Les lavabos aux formes sculpturales et aux fonctions originales font partie de la salle de bains contemporaine.

Sculpturaal gevormde wastafels met moderne functies maken deel uit van de hedendaagse badkamer.

466/467

Der letzte Schrei in der Designwelt sind skulpturartige Armaturen in mutigen Farben.

Bathroom fittings with sculptured shapes in vibrant colors are the latest in design trends.

Les sanitaires aux formes originales et aux couleurs vibrantes correspondent aux dernières tendances du design.

Sculpturaal aandoende badkameraccessoires in levendige kleuren vormen het nieuwste in ontwerptrends.

468/469

Große Spiegel werden dank ihrer schlichten und funktionalen Ausstrahlung zu unentbehrlichen Accessoires des modernen Badezimmers.

Large mirrors are simple and functional, as required in modern bathrooms.

Les miroirs grand format répondent à l'exigence de simplicité et de fonctionnalité requise par les salles de bains modernes.

Grote spiegels zijn door hun eenvoudige en functionele uitstraling een onontbeerlijk accessoire in de moderne badkamer.

SCHLAFZIMMER

Das moderne Schlafzimmer dient Erwachsenen als Ort der Ruhe und Entspannung und Kindern unter anderem als Spielstätte. Bei seiner Einrichtung steht daher Behaglichkeit an oberster Stelle Die neuesten Trends bevorzugen minimalistische Designs, kräftige Farben und eine Beleuchtung, die eine intime Atmosphäre schafft. Bei den Betten dominieren klare Linien und schlichte Formen. Kleiderschränke werden an den Stil des Schlafzimmers angepasst oder erhalten einen eigenen Raum.

BEDROOMS

A place for relaxing and recharging batteries for adults, and for rest and fun for children, modern bedrooms are equipped with furniture which has comfort as a priority. To this end the latest trends favor minimalist design, solid colors and illumination made up of different points of light which create intimate atmospheres. Beds have pure lines and simple shapes, and wardrobes are enlarged to become integrated into the architecture of the bedroom, or they are moved to a dressing room.

CHAMBRES

Lieux de détente et de récupération pour les adultes, de repos et de jeu pour les enfants, les chambres modernes sont équipées d'un mobilier qui donne la priorité au confort. C'est pourquoi les nouvelles tendances favorisent les ambiances stylées, les couleurs franches et un éclairage venant de différentes sources de lumière pour créer des ambiances intimes. Les lits adoptent des lignes épurées et des formes simples, les rangements s'agrandissent jusqu'à s'intégrer dans l'architecture de la chambre, ou sont intégrés à un dressing.

SLAAPKAMERS

De moderne slaapkamer biedt rust en ontspanning voor volwassenen en voor kinderen ook een speelplek. Comfort speelt daarom bij de inrichting een prominente rol. Tegenwoordig hebben minimalistische trends de voorkeur, met duidelijke kleuren en een verlichting die een intieme sfeer creëert. Bedden hebben eenvoudige lijnen en kleerkasten zijn aangepast aan de stijl van de kamer of vormen een aparte ruimte.

I
U

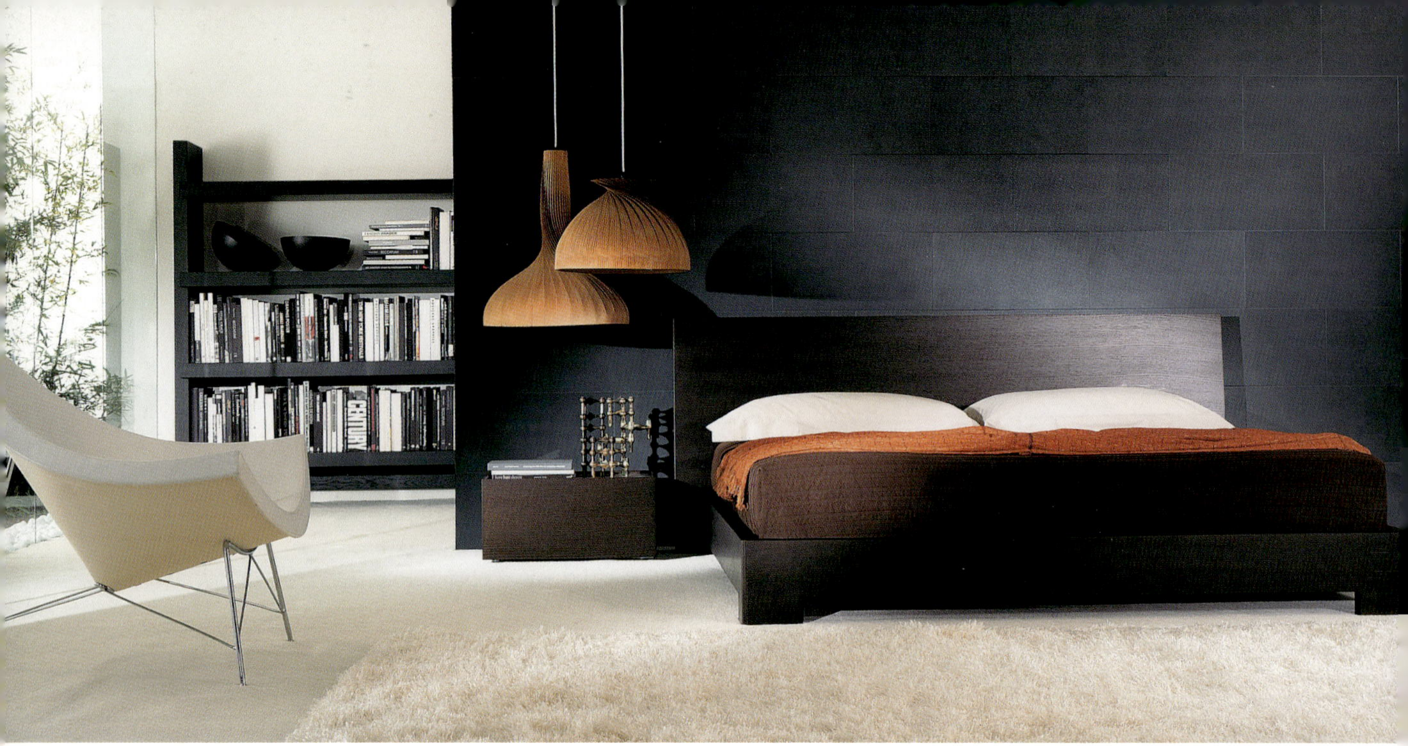
CENTURY

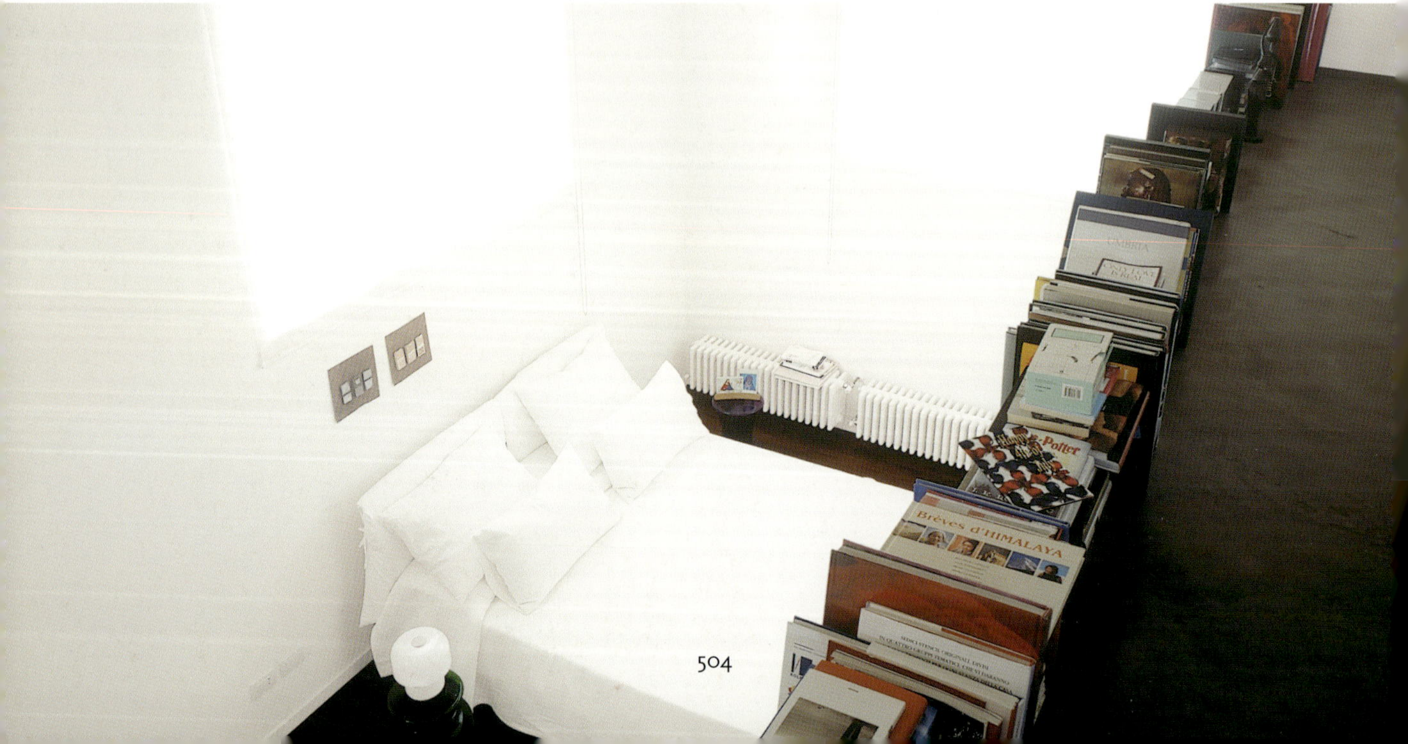
Brèves d'HIMALAYA

HOUSES

I Can't Believe I Just Did That
Alternative CURES

PICASSO

JOSEPH BRODSKY
SO FORTH

478/479

Vor allem in kleinen Räumen sollte die Bettwäsche aus hellen, ungemusterten Textilien bestehen.

Bed linen should be in pale colors, avoiding patterns, particularly in small spaces.

On évite les tissus imprimés pour la literie et on privilégie les tons clairs, notamment dans les espaces réduits.

Beddengoed moet in lichte kleuren worden gehouden en dessins moeten worden vermeden, vooral in kleine ruimten.

480/481

Das Bett wird zu einem Blickfang, wenn es am hellsten Platz des Raumes aufgestellt wird.

The bed becomes a focal point when placed in the part of the room which receives the most light.

Pour mettre en valeur le lit, placez-le de façon à ce qu'il reçoive le maximum de lumière.

Het bed wordt een blikvanger als het op de plaats met het meeste licht wordt neergezet.

482/483

Der einmal gewählte Dekorationsstil des Schlafzimmers findet sich in allen Einrichtungsgegenständen wieder und wird durch Farbakzente hervorgehoben.

The general style of the bedroom is apparent in all its components and is highlighted by the contrast of a touch of color.

Les divers éléments contribuent à définir le style de la chambre, que l'on peut souligner d'une touche de couleur.

De algemene stijl van de slaapkamer komt terug in alle elementen en wordt versterkt door de kleuraccenten.

484/485

Indirektes Licht schafft eine für das Schlafzimmer perfekte intime und entspannende Atmosphäre.

Indirect lighting provides the intimate, relaxing atmosphere necessary in a bedroom.

L'éclairage indirect préserve l'atmosphère intime et relaxante qui caractérise une chambre.

Indirecte verlichting zorgt voor de intieme, ontspannen sfeer die nodig is in een slaapkamer.

486/487

In minimalistisch eingerichteten Schlafzimmern wird eine Überladung des Raumes vermieden und somit eine optimale Grundlage für Ruhe und Entspannung geschaffen.

The minimalist style avoids cluttering up a space and favors rest and relaxation.

Un style minimaliste accentue la sensation d'espace et invite au repos.

Een minimalistisch ingerichte slaapkamer wordt niet overladen en bevordert zo een gevoel van rust en ontspanning.

488/489

In schlichten Formen und Farben gehaltene Möbelstücke lenken nicht von der Aussicht ab.

Furniture with basic shapes and tones does not detract from the view outside.

Les meubles aux formes et aux tons épurés mettent en valeur l'espace extérieur.

Meubilair in eenvoudige vormen en basiskleuren leidt de aandacht niet af van het uitzicht.

490/491

Ein modernes Bett zeichnet sich durch gerade Linien und schlichte Formen aus.

Straight lines and simple shapes make up the contemporary bed.

Les lits contemporains privilégient les lignes droites et les formes épurées.

Rechte lijnen en simpele vormen maken samen het bed van nu.

492/493

Reizvolle Kontraste bei Farben und Materialien sorgen für eine warme und zugleich elegante Atmosphäre im Schlafzimmer.

The contrast of colors and materials results in a warm, elegant bedroom.

Les contrastes de couleurs et de matières donnent des chambres chaleureuses et élégantes.

Het contrast van kleuren en materialen resulteert in een warme, elegante slaapkamer.

494/495

Die Wand hinter dem Kopfteil erregt durch eine riesige Fototapete sowie eine kontrastierende Textur Aufmerksamkeit.

The wall behind the headboard is highlighted by the wallpaper with large photos and the contrasting textures.

La tête de lit est mise en valeur grâce au papier peint avec photos grand format, et au contraste venant des différentes matières.

De muur achter het hoofdeinde komt naar voren door het behang met grote foto's en de contrasterende texturen.

496/497

Freiräume, Betten mit klaren Konturen sowie der Verzicht auf Ornamente und Verzierungen sind die wichtigsten Einrichtungsgrundsätze eines modernen Schlafzimmers.

Clear spaces, beds with pure lines, and a complete absence of ornaments are the key to modern bedrooms.

Les chambres modernes se caractérisent par des espaces dégagés, des lits aux lignes épurées et l'absence totale d'ornements.

Heldere ruimten, bedden met zuivere lijnen en de afwezigheid van sierobjecten vormen de sleutel tot de moderne slaapkamer.

498/499

Die Kühle und Rauheit der Betonwände werden durch eine Bodenlampe ausgeglichen.

The harshness of the exposed cement walls is softened by the floor lamp.

La froideur du ciment apparent est atténuée par la chaleur de l'éclairage.

De ruwheid van de zichtbare betonnen muren wordt verzacht door de vloerlamp.

500/501

Die Kombination aus den Farben Grau und Beige verleihen dem Schlafzimmer eine elegante und moderne Note.

The combination of gray and beige makes an elegant, modern bedroom.

La combinaison du gris et du beige donne une chambre élégante et moderne.

De combinatie van grijs en beige zorgt voor een elegante, moderne slaapkamer.

502/503

Der Einsatz von insgesamt drei Farben, bei denen der hellste Ton dominiert, lässt den Raum größer wirken.

The choice of three basic colors, the palest of which predominates, makes the space seem larger.

Le choix de trois nuances de base, avec prédominance de la plus claire, contribue à agrandir la pièce.

De keus voor drie basiskleuren waarvan de lichtste overheerst, maakt de ruimte visueel groter.

504/505

Schlafzimmer bilden einen idealen Raum für die Einrichtung einer kleinen Bibliothek.

Bedrooms are the ideal place to install a small library.

La chambre est un endroit idéal pour installer une petite bibliothèque.

Slaapkamers vormen de ideale plek om een kleine bibliotheek in te richten.

506/507

Ein in das Schlafzimmer integriertes Wohnzimmer sollte im gleichen Stil, aber in komplementären Farben gehalten sein.

A living room integrated in a bedroom should have the same style of furniture with a complementary palette of colors.

Le salon intégré dans la chambre garde le même style de mobilier, tout en offrant une palette de couleurs complémentaires.

Een woonkamer gecombineerd met een slaapkamer moet meubels in dezelfde stijl en kleuren hebben.

508/509

Gemusterte Stoffe unterstützen den Stilmix und verleihen dem Schlafzimmer einen besonderen Charakter.

Patterned textiles highlight the mixture of styles and give bedrooms character.

Les tissus imprimés contribuent au mélange des styles et confèrent aux chambres un certain caractère.

Gedessineerde stoffen benadrukken de mix van stijlen en geven slaapkamers karakter.

510/511

Ein Schlafzimmer kann verschiedene Funktionen vereinen: So ist es zum Beispiel möglich, ein Bade- oder Arbeitszimmer darin zu integrieren.

Bedrooms incorporate spaces with different functions, such as the bathroom or a study.

Les chambres peuvent intégrer d'autres espaces, comme la salle de bains ou le bureau.

Slaapkamers kunnen verschillende functies vervullen als ze geïntegreerd worden met bijvoorbeeld een badkamer of een studeerkamer.

512/513

Pastellfarben werden klassischerweise in Kinderzimmern verwendet.

The palette of pastel colors is classic in decorating children's bedrooms.

La palette de couleurs pastel est un grand classique de la décoration des chambres d'enfants.

Een palet van pasteltinten is klassiek in de decoratie van een kinderslaapkamer.

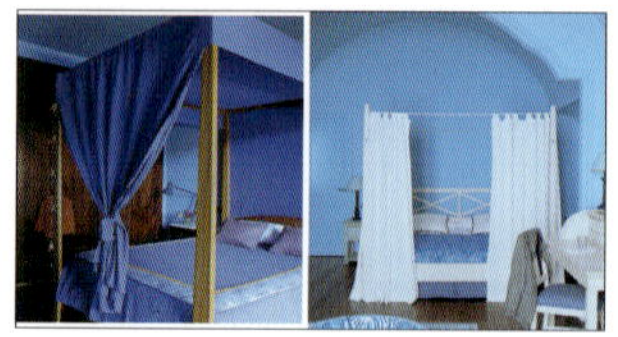

514/515

Himmelbetten in schlichten Formen und leichten Materialien geben Schlafzimmern einen romantischen Touch.

Beds with canopies have a romantic style with simple shapes and light materials.

Les lits à baldaquin combinant lignes droites et matières évanescentes renvoient à un style romantique épuré.

Hemelbedden kennen een romantische stijl, met simpele vormen en lichte materialen.

516/517

Die originellen kleinen Bilder in diesem Kinderzimmer sind in den Farben der Einrichtung gehalten.

The original artwork on the walls of these children's bedrooms is in keeping with the colors of the rooms.

Les dessins originaux sur les murs sont en accord avec la teinte dominante de ces chambres d'enfants.

De originele afbeeldingen op de muren van deze kinderslaapkamers zijn aangepast aan de kleuren van de kamers.

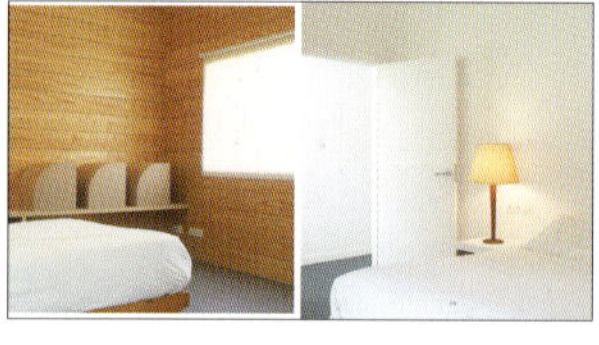

518/519

Die leeren Wände betonen den Umstand, dass ein Schlafzimmer der Ruhe und Entspannung dienen soll.

The empty walls reinforce the fact that this room is intended for resting.

L'abence de décoration murale vient souligner la finalité de cette pièce destinée au repos.

De lege muren benadrukken dat deze kamer bedoeld is om in te rusten.

520/521

In kleinen Schlafzimmern kann Platz gespart werden, wenn sich der Bettrahmen direkt auf dem Boden befindet.

Space can be gained in small bedrooms by placing the base of the bed directly on the floor.

Pour gagner de l'espace dans les chambres de petite taille, placez le lit à même le sol.

In kleine slaapkamers kan ruimte worden gewonnen door het onderstel van het bed direct op de vloer te plaatsen.

522/523

Die polierte Betonwand wahrt die Privatsphäre des integrierten Badezimmers. Gleichzeitig verhindert die lange horizontale Öffnung ein vollständiges Verbergen des Raumes.

The polished cement wall provides privacy in the integrated bathroom, but the large horizontal opening prevents it being hidden.

Le mur en ciment ciré préserve l'intimité de la salle de bains intégrée à la chambre, tout en la dévoilant grâce à sa grande ouverture horizontale.

De gladde betonnen muur zorgt voor privacy in de geïntegreerde badkamer, die wel zichtbaar blijft door de brede horizontale opening.

524/525

Durch das Bett wird der gesamte Stil der Schlafzimmereinrichtung festgelegt.

The bed defines the style of the rest of the furniture in the bedroom.

Dans la chambre, c'est le lit qui définit le style des autres meubles.

Het bed bepaalt de stijl van de rest van het meubilair in de slaapkamer.

526/527

Das Holz des Bettrahmens ist auch im Kopfteil und den Ablagetischen zu finden.

The wood of the bed frame extends to the headboard and the bedside tables.

Le sommier en bois se prolonge en tête de lit et tables de chevet.

Het hout van het beddenframe zet zich voort in het hoofdeinde en de nachttafeltjes.

528/529

Holz und weiße Wände lassen einen Raum heller wirken.

Wood and white walls help to increase the brightness in the bedroom.

La présence du bois et les murs blancs contribuent à accentuer la luminosité des pièces.

Hout en witte muren helpen mee de helderheid van de slaapkamer te vergroten.

530/531

Maßangefertigte Kleiderschränke sind ausgesprochen beliebt, da sie an individuelle Bedürfnisse angepasst werden können.

Made to measure wardrobes are popular as they can be adapted to meet specific needs.

Les armoires sur mesure avec compartiments modulables permettent d'adapter les rangements à vos besoins personnels.

Op maat gemaakte klerenkasten zijn in trek omdat ze aangepast kunnen worden aan speciale behoeften.

532/533

Kopfteile werden zu einem Blickfang, wenn sie mit Leder oder anderen zur Schlafzimmereinrichtung passenden Materialien bezogen werden.

Headboards are more prominent and can be covered in leather or other materials which fit the style of the bedroom.

Les têtes de lit sont compactes et peuvent être recouvertes de peau ou de tissu en accord avec le style de la chambre.

Hoofdeinden kunnen een echte blikvanger worden als ze worden overtrokken met leer of een ander materiaal dat bij de stijl van de slaapkamer past.

534/535

Die ungleiche Bodenhöhe hinter dem Kopfteil des Bettes wurde genutzt, um eine kleine, mit Sitzsäcken und Bodenlampen ausgestattete Lounge einzurichten.

A difference in floor level behind the headboard has been used to create a small lounge with beanbags and floor lamps.

On a profité de la différence des niveaux derrière le lit pour créer un mini-salon avec poufs et lampe.

Een andere vloerhoogte achter het hoofdeinde is gebruikt om een kleine zitruimte te creëren met zitzakken en vloerlampen.

536/537

Mit dem Verzicht auf überflüssige Möbelstücke können alle Räume – auch unregelmäßig geschnittene Zimmer – besser genutzt werden.

Eliminating unnecessary furniture helps to make the most of the floor space or irregular shaped rooms.

Pour optimiser un entresol ou des pièces aux dimensions irrégulières, mieux vaut éviter de les surcharger de meubles.

Door overbodig meubilair te verwijderen wordt de vloerruimte van onregelmatig gevormde kamers optimaal benut.

538/539

Große Kopfteile – als Teil des Bettes oder der dahinter liegenden Wand – sind topaktuell.

As part of the bed or as a design on the wall, large headboards are the latest in decoration.

Qu'elles fassent partie intégrante du lit ou dessinées directement sur le mur, les grandes têtes de lit sont la dernière tendance en matière de décoration.

Als deel van het bed of als ontwerp aan de muur zijn grote hoofdeinden het nieuwste in slaapkamerdecoratie.

540/541

Die Form des Bettes definiert in Loftwohnungen die Grenzen des Schlafzimmers.

The shape of the bed helps to define the area of the bedroom in lofts.

Les formes compactes des lits permettent de mieux délimiter l'espace chambre dans les lofts.

De vorm van het bed helpt de ruimte van de slaapkamer af te bakenen in een loft.

542/543

Das Board am Fußende des Bettes kann als Ablagetisch verwendet werden.

The bench at the end of the bed can also be used as an extra table.

Le banc situé au pied du lit peut également servir de table d'appoint.

De bank aan het voeteneind van het bed kan ook gebruikt worden als extra tafel.

544/545

Die Kleiderschränke und Regale passen hinsichtlich ihrer Formen und Materialien zum Stil der restlichen Schlafzimmereinrichtung.

The shapes and materials of the wardrobes and the shelves combine with the style of the bedroom.

Les armoires et les étagères sont en harmonie avec le style de la chambre.

De vormen en materialen van de klerenkasten en de planken passen bij de stijl van de slaapkamer.

546/547

Die Textur der Pelzdecke gibt diesem rustikalen Schlafzimmer eine zusätzliche gemütliche Note.

The texture of the fur comforter provides the necessary warmth in this bedroom with its rustic finishes.

L'édredon en fourure apporte une note chaleureuse dans cette chambre de style rustique.

De bontsprei zorgt voor de noodzakelijke warmte in deze rustiek afgewerkte slaapkamer.

548/549

Gepolsterte und überzogene Kopfteile erhöhen den Entspannungsfaktor dieser Betten.

Padded headboards covered in material make the idea of resting in these beds more tempting.

Les têtes de lit matelassées et recouvertes de tissus sont une invitation au repos.

Beklede gewatteerde hoofdeinden maken het idee om in deze bedden te liggen nog verleidelijker.

550/551

Stauraum kann durch Schubladen oder im Kopfteil geschaffen werden.

Storage can be created in beds by means of drawers or in the headboard.

Des espaces de rangement s'intègrent aux lits sous forme de têtes de lit ou de tiroirs.

In hoofdeinden of de bedden zelf kan opbergruimte gecreëerd worden, bijvoorbeeld door middel van laden.

552/553

Um die Privatsphäre zu wahren, wurde der Raum in einzelne, durch halbtransparentes Glas abgegrenzte Bereiche eingeteilt.

Semi-transparent glass has been used to divide spaces in order to provide privacy.

Pour préserver l'intimité, on a utilisé du verre semi-opaque, qui permet de compartimenter les espaces sans atténuer la luminosité.

Halfdoorschijnend glas is gebruikt om ruimten in te delen, teneinde privacy te scheppen.

554/555

In Maßen eingesetzte Farbakzente lassen Räume mit einem offenen Grundriss größer wirken.

Color applied in small quantities emphasizes the size of these open plan spaces.

L'application de petites touches de couleur vient souligner l'ampleur de ces espaces diaphanes.

Kleur, toegepast in kleine hoeveelheden, benadrukt de afmetingen van deze open ruimten.

556/557

Der sowohl als Fußbodenbelag als auch für den Bettrahmen verwendete polierte Beton sorgt für eine harmonische und einheitliche Atmosphäre.

The polished cement of the floor has been used for the base of the bed and creates a harmonious appearance.

Le ciment ciré du sol, qui se prolonge jusqu'à la base du lit, crée un espace harmonieux.

Het gladde beton van de vloer is gebruikt voor het onderstel van het bed en oogt harmonieus.

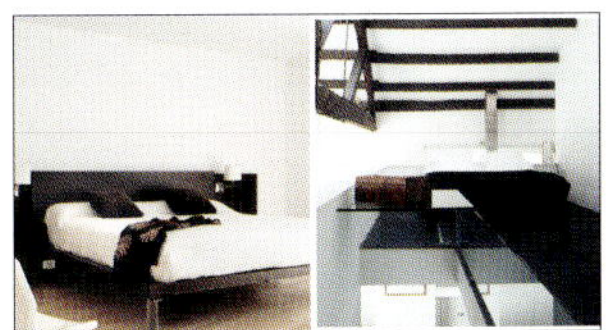

558/559

Als Baumaterial verwendetes Holz kann auch zu Dekorationszwecken eingesetzt werden.

Wood used as a structural element is also decorative.

Utilisé pour le mobilier, le bois se révèle être un élément décoratif à part entière.

Hout, als constructief element gebruikt, is ook decoratief.

560/561

In der neuen Wohnarchitektur erfreuen sich Schlafzimmer mit integrierten Badezimmern immer größerer Beliebtheit.

New residential architecture designs bedrooms with integrated bathrooms.

La nouvelle architecture résidentielle intègre de plus en plus la salle de bains dans les chambres.

Architectuur van een nieuwe wijk: designslaapkamers met ingebouwde badkamer.

562/563

Seinen Namen verdankt das von Patricia Urquiola entworfene ‚Clip'-Bett der Form seines Kopfteils. Es verfügt außerdem über einen kleinen Ablagetisch.

The 'Clip' bed, designed by Patricia Urquiola, owes its name to the shape of the headboard, and includes the bedside table.

Le lit « Clip », conçu par Patricia Urquiola, doit son nom à la forme de la tête de lit et inclut une table de chevet.

Het 'Clip-bed', ontworpen door Patricia Urquiola, dankt zijn naam aan de vorm van het hoofdeinde en omvat ook het nachttafeltje.

564/565

Das Bett sollte so aufgestellt werden, dass die größtmögliche Versorgung mit Tageslicht gewährleistet ist.

The bed should be placed so that it receives as much light as possible from the window.

Le lit doit être placé de façon à obtenir le maximum de lumière naturelle.

Het bed moet zo worden neergezet dat het zoveel mogelijk licht van het raam krijgt.

566/567

Die satten Wandfarben finden sich auch in den verschiedenen Textilien wieder – durch die Möbel hingegen wird ein Kontrast hergestellt.

The rich colors of the walls are reflected in the tones of the textiles. The contrast is provided by the furniture.

Les murs de couleur unie définissent les tonalités des tissus, qui contrastent avec le mobilier.

De warme kleuren van de muren worden weerspiegeld in de tinten van de stoffen. Het meubilair zorgt voor contrast.

568/569

Eine Kombination aus den Farben Ocker, Orange und Blau lädt zum Entspannen ein.

Ocher, orange and black make one of the best combinations for encouraging relaxation.

La combinaison des couleurs ocre, orange et noir invite au repos.

Oker, oranje en zwart vormen een van de beste combinaties voor het bevorderen van ontspanning.

570/571

Der junge Look dieser Schlafzimmer entsteht durch die Dominanz leuchtender Primärfarben.

The young look of these bedrooms is created by the predominance of pure primary colors.

La fraîcheur de ces chambres est dûe à la prédominance de couleurs primaires.

Hun jeugdige uiterlijk danken deze slaapkamers aan het gebruik van primaire kleuren.

572/573

‚Schwebende' Betten verstärken die Dominanz der in diesen minimalistischen Schlafzimmern vorherrschenden klaren Linien.

'Floating' beds reinforce the straight lines which predominate in minimalist bedrooms.

Les lits sur pieds renforcent les lignes droites qui prédominent dans ces chambres épurées.

De 'zwevende' bedden benadrukken de rechte lijnen die overheersen in deze minimalistische slaapkamers.

HEIMBÜROS

Verschiedene aktuelle Tendenzen in der Arbeitswelt führen dazu, dass immer mehr Menschen von zu Hause aus arbeiten: Die Tele- oder Heimarbeit ist zu einer Selbstverständlichkeit geworden. Daher ist es notwendig, moderne Wohnräume an die neuen Bedürfnisse anzupassen. Durch diese Entwicklungen haben sich die Ansprüche an eine Büroeinrichtung grundlegend geändert. Diese soll zum Einrichtungsstil der Wohnung passen und trotzdem funktional sein.

HOME OFFICES

Recent changes in business practice mean that working from home is becoming more and more frequent in modern day life, creating the need to adapt houses to include a space for this new activity. The concept of traditional office furniture has been transformed to combine with the style of the house without losing its functional efficiency.

BUREAUX À DOMICILE

L'évolution récente du marché du travail a donné naissance à un nouveau type d'activité à la maison. Le travail à distance est une situation de plus en plus fréquente, qui se traduit par la nécessité d'adapter l'agencement de l'habitation à cette nouvelle activité. Dans ce contexte, le mobilier de bureau traditionnel se transforme pour s'harmoniser avec l'esthétique de la maison sans renoncer à ses prestations.

KANTOREN AAN HUIS

Recente veranderingen in de zakelijke praktijk maken dat thuiswerken steeds vaker voorkomt, waardoor huizen moeten worden aangepast om een ruimte te scheppen voor deze nieuwe activiteit. De ideeën over kantoormeubilair zijn sterk gewijzigd, waardoor de meubels nu worden afgestemd op de stijl van de rest van het huis zonder dat ze hun functionaliteit en efficiency verliezen.

BROSSA

www
1
2

MADE IN
CHINA
CHINA

Arte asiático

DESIGNERS GUILD
Colour Library

ARCHITECTURAL HOUSES

WOODEN BOATS
TIEPOLO

MONTECRISTO

MORAGAS
TORRES CLAVE
TAPIOVAARA
JACOBSEN
DOMENECH

advanced
Integrated Solutions

COLUMBIA ENCYCLOPEDIA
WEBSTER'S
THE ART OF
PETER BRUEGEL

LAROUSSE GASTRONOMIQUE
1001 CHOCOLATE TREATS
LAROUSSE
ITALIAN COOKING
LE LIVRE DES TERRINES ET PÂTÉS
PIERRE HERMÉ SECRETS GOURMANDS
CHÂTEAU CUISINE
PETIT LAROUSSE CUISINE

Windows

LUIS BUÑUEL
FO

GOTHAM

l'été
de la lune

COLIN WILSON
HUNTER S. THOMPSON
WHITE POWER
RICHARD NEUTRA

582/583

Kommen regelmäßig Kunden zu Besuch, so empfiehlt es sich, das Büro nahe dem Eingang zu platzieren und einen eigenen Empfangsbereich einzurichten.

It is advisable to place the office near the entrance, with a defined meeting area, if clients visit regularly.

Si l'on est amené à recevoir des clients, il convient d'installer le bureau près de l'entrée et de définir un espace pour les réunions.

Het is raadzaam om het kantoor dicht bij de ingang te situeren, met een aparte ontmoetingsruimte als er regelmatig klanten langskomen.

584/585

Um von der beruhigenden Wirkung der Aussicht nach draußen zu profitieren, sollte das Heimbüro in einem Raum mit großen Fenstern eingerichtet werden.

Work spaces in rooms with large windows make the most of the tranquility offered by the views.

Pour profiter de l'effet relaxant qu'offre une vue sur l'extérieur, les espaces de travail se situent dans des pièces équipées de grandes fenêtres.

Werkruimten in kamers met grote ramen profiteren van de rust die het uitzicht biedt.

586/587

Aktenschränke wirken leichter, wenn sie aus dem gleichen Material wie die restlichen Möbel gefertigt sind.

Filing cabinets appear lighter if they are made of the same material as the rest of the furnishings.

Les classeurs d'archives doivent être du même matériel que le reste du mobilier, par souci de légèreté.

Archiefkasten ogen minder zwaar als ze van hetzelfde materiaal zijn gemaakt als de rest van het meubilair.

588/589

In kleinen Räumen ist es wichtig, für eine gute Beleuchtung zu sorgen und durch eine geeignete Dekoration Kontraste zu schaffen.

In small spaces lighting is the priority and contrast can be achieved with decorative elements.

Dans les petits espaces, l'accent est mis sur l'éclairage et le contraste des différents éléments décoratifs.

In kleine ruimten is de belichting een prioriteit en kunnen contrasten worden bereikt met decoratieve elementen.

590/591

Mit natürlichen Farben und Erdtönen für die Büromöbel kann eine angenehme Arbeitsatmosphäre hergestellt werden.

The use of natural and ocher tones for the furnishings makes a pleasant atmosphere for performing well.

Un mobilier aux tonalités naturelles et ocre est propice à la productivité.

Door aardtinten te kiezen voor het meubilair ontstaat een prettige atmosfeer om efficiënt te kunnen werken.

592/593

Eine Einrichtung in dezenten oder neutralen Tönen ist ideal für kleine Räume. Dunkle Farben hingegen eignen sich für große Räume.

Furnishings in light or neutral tones are ideal for small spaces, and darker tones can be used for larger areas.

On préfèrera des meubles clairs ou neutres pour les espaces réduits, des meubles plus sombres pour les grands espaces.

Meubilair in lichte of neutrale kleuren is ideaal voor kleine ruimten, terwijl donkerdere tinten geschikt zijn voor grotere ruimten.

594/595

Platzgewinn und etwas mehr Privatsphäre können mithilfe eines Zwischengeschosses erreicht werden.

A mezzanine floor is not only a way to gain space in an office but it also provides privacy.

Utiliser un entresol pour un bureau permet, au-delà d'un gain d'espace, de profiter de plus de calme.

De entresol-verdieping bespaart niet alleen ruimte in een kantoor, maar waarborgt ook privacy.

596/597

Heute schließen sich Funktionalität und Design bei der Büroeinrichtung nicht mehr aus.

Today office furniture consists of well designed, functional pieces.

Le mobilier de bureau d'aujourd'hui allie fonctionnalité et respect des règles du design.

Tegenwoordig bestaat kantoormeubilair uit goed ontworpen, functionele onderdelen.

598/599

Die Kombination aus Komfort und ansprechendem Design machen ergonomische Stühle so beliebt.

Performance and design have made ergonomic chairs popular.

Les chaises ergonomiques ont gagné du terrain grâce à leur confort et à leur design.

Effectiviteit en ontwerp hebben ergonomische stoelen populair gemaakt.

600/601

Variationen desselben Farbtones bei Möbeln und den architektonischen Elementen lassen Räume größer wirken.

Variations of the same tone in the architecture and the furnishings make spaces look bigger.

Les variations sur une même tonalité dans l'architecture et le mobilier agrandissent visuellement les espaces.

Door de kamer en het meubilair in tinten van dezelfde kleur te houden oogt de ruimte groter.

602/603

Möbel mit glänzenden Oberflächen tragen zu einer jüngeren und dynamischeren Ausstrahlung des Raumes bei.

Furnishings with shiny finishes create young, dynamic environments.

Les meubles à finition brillante créent une atmosphère jeune et dynamique.

Met glanzend afgewerkt meubilair creëer je een dynamische omgeving.

604/605

Durch maßangefertigte Modulmöbel können selbst die unzugänglichsten Ecken genutzt werden.

Made to measure modular furniture enables use to be made of difficult corners.

Les meubles modulaires faits sur mesure permettent d'exploiter même les recoins.

Op maat gemaakt, aangepast meubilair is ideaal voor moeilijke hoeken.

606/607

Der Arbeitsbereich in einer Wohnung kann mithilfe der Beleuchtung optimal definiert werden.

Lighting is one of the most practical ways to define a work area in a house.

L'éclairage est un moyen pratique de définir des zones de travail à l'intérieur de la maison.

Belichting vormt een van de meest praktische manieren om de werkruimte in een huis af te bakenen.

608/609

Kompakte und funktionale Möbel sind originell und ermöglichen eine hindernisfreie Bewegung im Raum.

Compact, functional furniture enables easy circulation in a work space without sacrificing originality.

Un mobilier compact et fonctionnel facilite la circulation dans le bureau, sans renoncer à l'originalité.

Compacte, functionele meubels staan bewegingsvrijheid toe en zijn toch origineel.

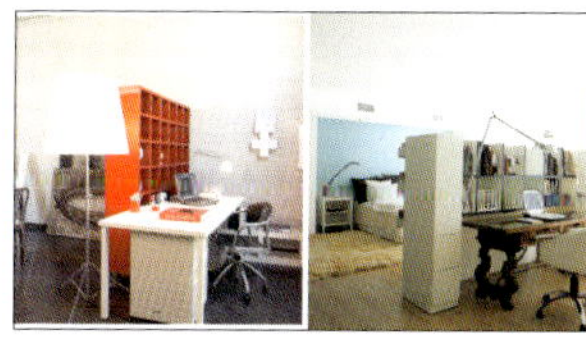

610/611

Um das Büro vom Rest des Raumes abzutrennen, eignet sich hervorragend ein Bücherregal.

A bookcase is an excellent way to separate the office from the rest of the room.

Les étagères sont un moyen idéal pour séparer le bureau du reste de l'habitation.

Met een boekenkast kan het kantoor goed van de rest van de ruimte worden gescheiden.

612/613

Dank der eingesetzten Farben und Materialien bilden die Bücherregale und Tische eine harmonische Einheit mit dem Rest der Einrichtung.

Bookshelves and tables are linked harmoniously with the rest of the space by the colors and the materials used.

Tables et étagères se conjuguent harmonieusement avec le reste de la pièce grâce aux couleurs et aux matériaux utilisés.

Boekenplanken en tafels harmoniëren door de gebruikte kleuren en materialen met de rest van de ruimte.

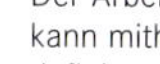

614/615

Büros für kreative Tätigkeiten sollten die künstlerische Arbeit begünstigen.

Offices used for creative work need an atmosphere appropriate for the artist's work.

Les bureaux adaptés aux métiers de la création ont un style en accord avec la discipline de l'artiste.

Werkplekken voor creatief werk hebben een sfeer nodig die bij het werk van de kunstenaar past.

616/617

Durch die Kombination von direkter und indirekter Beleuchtung kann die Raumatmosphäre individuell angepasst werden.

The combination of direct and indirect lighting can create many different atmospheres.

En combinant des sources d'éclairage directes et indirectes, on peut créer une multitude de d'ambiances différentes.

De combinatie van directe en indirecte belichting kan veel verschillende sferen oproepen.

618/619

Aus Modulen zusammengesetzte Bücherregale können je nach Bedarf erweitert oder verkleinert werden.

Bookcases with independent modules reduce or increase the space as required.

Les bibliothèques modulables permettent de réduire ou d'augmenter les espaces selon les besoins du moment.

Boekenkasten uit losse modules maken de ruimte naar believen kleiner of groter.

620/621

In die Wand eingelassene Regale und dazugehörige Modulschubladen lassen sich an die Platzverhältnisse anpassen.

Shelves set into the wall and modular chests of drawers can be used to make the most of the space.

Les étagères intégrées dans les murs et les tiroirs modulables permettent de mieux profiter de l'espace.

Met planken aan de muur en aangepaste ladekasten wordt de ruimte optimaal benut.

622/623

Diese Tische nehmen flexibel die gerade benötigte Größe an und können zusammengeklappt als Regale genutzt werden.

Desks can be adapted to the space available, they can be folded up and they can be used as shelves.

Les tables modulables s'adaptent aux différents espaces et peuvent être pliées pour servir d'étagères.

Werktafels kunnen worden aangepast aan de beschikbare ruimte: ze kunnen worden ingeklapt of als plank worden gebruikt.

624/625

Bei der Einrichtung eines Heimbüros sollte ein Raum ausgesucht werden, der möglichst weit vom Alltagsbetrieb des Haushaltes entfernt liegt.

When installing an office at home it is important to choose a space away from the daily activity of the household.

Pour installer son bureau chez soi, il faut choisir un espace préservé de l'agitation quotidienne.

Voor een kantoor aan huis kan het beste een ruimte worden gekozen die ververwijderd is van de dagelijkse bezigheden in huis.

626/627

Moderne Trends sind auch bei den traditionellen Büromöbeln aus Metall angekommen.

Traditional metal office furniture has evolved in line with modern trends.

Le mobilier de bureau en métal a su évoluer et s'adapter aux nouvelles tendances contemporaines.

Traditioneel metalen kantoormeubilair is meegeëvolueerd met moderne trends.

628/629

Aus Modulen zusammengesetzte Regalkombinationen, die Regalfächer, Schubladen und Arbeitsflächen enthalten, bieten die Grundausstattung für ein Büro.

Modular bookcases which combine shelves, drawers and a table provide all that is needed in just one place.

Les bureaux modulaires – comprenant étagères, tiroirs et table – concentrent toutes les fonctions en un seul endroit.

Modulaire boekenkasten die planken, laden en een tafel combineren, bieden alles wat nodig is op één plaats.

630/631

Ein Loft eignet sich hervorragend für das Büro, solange direkte Lichtquellen – aus natürlichem oder künstlichem Licht – vorhanden sind.

Sources of direct light, whether natural or artificial, make the loft an ideal place to put the office.

Les sources d'éclairage direct, qu'elles soient naturelles ou artificielles, font des combles un lieu idéal pour installer un bureau.

Directe lichtbronnen, hetzij natuurlijk of kunstmatig, maken de zolder tot een ideale plek voor een kantoor.

632/633

Bis an die Decke reichende Bücherregale bieten viel Stauraum und sind zudem überaus dekorativ.

Bookshelves which reach the ceiling not only provide a solution for storage but are also decorative.

Les étagères qui atteignent le plafond sont pratiques et décoratives à la fois.

Boekenplanken tot aan het plafond bieden niet alleen veel bergruimte, maar zijn ook decoratief.

634/635

Garagen, ungenutzte Speicherräume oder im Innenhof gelegene Wintergärten können relativ einfach in Büros umfunktioniert werden.

Garages, old barns or greenhouses on the terrace of a house can be converted to accommodate an office.

Un parking, une grange, un ancien grenier ou encore un jardin d'hiver peuvent être intelligemment reconvertis en bureaux.

Garages, oude schuren of kassen kunnen ook worden omgebouwd om als kantoor te dienen.

636/637

Je nach Position kann der Bettrahmen für die Matratze oder als Sitzfläche für den Arbeitstisch genutzt werden.

Depending on its position, the base of the bed can be used for the mattress or as a seat for the desk.

Les structures de la base du lit peuvent servir de matelas ou de siège pour la table de travail, en fonction de leur position.

Afhankelijk van zijn positie kan de bedbodem gebruikt worden voor de matras of om het werkblad op te zetten.

638/639

Mithilfe von Schiebetüren kann der Arbeitsbereich abgegrenzt und bei Bedarf dahinter verborgen werden.

Sliding doors define the work area and hide it completely when it is not being used.

Les portes coulissantes délimitent la zone de travail et la dissimulent lorsqu'elle n'est plus utilisée.

Schuifdeuren grenzen de werkruimte af en verbergen haar volledig als ze niet gebruikt wordt.

640/641

Eine außergewöhnliche Architektur verlangt die passende Einrichtung.

Areas with special architecture need furniture which adjusts to the main design.

Les espaces à l'architecture particulière exigent un mobilier en harmonie avec les formes prédominantes.

Ruimten met een speciale architectuur hebben meubilair nodig dat daarbij past.

642/643

Das an einem freien, gut beleuchteten Platz situierte Regalbrett kann als Arbeitsfläche genutzt werden.

The shelf, which has been placed in a well lit, free space, serves as a desk.

L'étagère, située dans un espace libre et bien éclairé, fait office de table de travail.

De plank, die in een goed verlichte, vrije ruimte is geplaatst, doet dienst als werktafel.

644/645

Aufgrund des robusten Erscheinungsbildes dieses Betontisches sollte die restliche Einrichtung mit Bedacht gewählt werden.

The concrete table needs special attention when combining it with other furniture because of the nature of the material.

La table en ciment requiert – matière brute oblige – une attention particulière pour se combiner avec les autres meubles.

Op de betonnen tafel moet speciaal gelet worden als hij wordt gecombineerd met ander meubilair, vanwege de aard van het materiaal.

646/647

Ein Eindruck von Geräumigkeit entsteht durch Tische und Regale in hellen Farbtönen.

Integrated tables and shelves in light shades are the best way to make the most of the space.

Le recours à des tables et des étagères intégrées dans des tons lumineux permet d'optimiser l'espace.

Met geïntegreerde tafels en planken in lichte tinten wordt de ruimte optimaal benut.

648/649

Sanftes Licht an wichtigen Stellen – wie über dem Tisch oder den Regalen – zeichnet das moderne Zimmer aus.

Modern spaces incorporate low voltage lights in key locations, such as the table or the shelves.

Les ambiances modernes utilisent des lumières basse tension aux endroits clés comme la table ou les étagères.

In moderne ruimten horen lampen met een laag voltage op belangrijke plekken, zoals boven de tafel of bij boeken planken.

650/651

In Regale integrierte Tische helfen beim Platz sparen und tragen dazu bei, eine ästhetische Einheit zu erhalten.

Tables integrated in bookshelves help to make space and maintain a uniform style.

Les tables intégrées dans les étagères aident à gagner de l'espace et renforce l'unité esthétique.

Een combinatie van tafels en boekenplanken helpt ruimte maken en waarborgt eenheid in stijl.

652/653

In kleinen Räumen sollte die Einrichtung kompakt, funktional und möglichst schlicht ausfallen.

Furnishings in small rooms should be compact, functional and free from decoration.

Dans les petites habitations, le mobilier est compact, fonctionnel et dépourvu d'ornements.

Meubels in kleine ruimten moeten compact, functioneel en onopgesmukt zijn.

654/655

Verschiedene Schattierungen der Farbe Weiß und reichlich Licht begünstigen eine kreative Atmosphäre.

Brightness and shades of white help to achieve a creative atmosphere.

Les nuances de teintes claires et la luminosité composent une atmosphère propice à la créativité.

Goed licht en witschakeringen helpen mee een creatieve sfeer te creëren.

656/657

Eine der elegantesten Lösungen besteht in der Einrichtung des Heimbüros im minimalistischen Stil.

The minimalist style is one of the best ways of furnishing a work space in the home.

Une esthétique minimaliste : indéniablement une grande alliée dans les espaces de travail à la maison.

De minimalistische stijl is een van de beste manieren om een kantoor aan huis in te richten.

658/659

Schubladenelemente mit Rollen finden Platz unter jedem Schreibtisch und dienen bei Bedarf als Ablagetische.

Modular chests of drawers on wheels can be located underneath the desk and can also serve as an extra table.

Les caissons mobiles se rangent sous le bureau et peuvent aussi servir de tables d'appoint.

Modulaire ladekasten op wielen kunnen onder de werktafel geplaatst worden en ook als extra tafel dienen.

660/661

Für die Teilung des Raumes eignen sich gläserne Trennwände besonders gut, da sie lichtdurchlässig sind.

Glass screens are an excellent way to separate areas, as they let the light through.

Les panneaux translucides constituent d'excellents séparateurs car ils laissent passer la lumière.

Glasschermen zijn een uitstekende manier om ruimten te scheiden, omdat ze licht doorlaten.

WOODEN BOATS
TIEPOLO

Verzeichnis • Directory • Répertoire • Index

Accuro-Korle - www.accuro-korle.co.uk
| 190, 213, 396, 412 top left, 460

Agape - www.agapedesign.it (© Rafael Vargas)
| 390

Albini & Fontanot - www.albiniefontanot.com
| 24

Alno AG - www.alno.es
| 302, 324-325

Apavisa - www.apavisa.com
| 22-23, 45, 58, 59, 138 top, 279, 387, 394-395, 404, 407, 418-419, 433, 438, 440, 441, 450-451, 453, 456, 464

Arketipo - www.arketipo.com
| 128-129, 131, 144-145, 158-159

Atelier Durbain - www.atelierdurbain.com
| 378, 379, 388, 393, 405, 409, 428 bottom

Axo Light - www.axilight.it
| 115 bottom, 227

Berloni - www.berlonialbacete.com
| 106, 107, 116-117

Bilder Kochtische Premium
| 188, 283, 300, 304, 305, 336 bottom, 337

Bonaldo - www.bonaldo.it
| 101, 105, 108, 151, 163, 166, 198,

Burgbad AG - www.burgbad.de
| 416

Casa Berloni - www.casaberloni.it
| 220

Cattelan Italia - www.cattelanitalia.com
| 192, 193, 226

Cerámica Galassia - http://www.ceramicagalassia.com
| 412 bottom, 428 top,

Construplas - www.construplas.com
| 412 top right

De Sede - www.desede.ch
| 141, 141, 154-155

Desalto - www.desalto.it - (**Arcaya** – www.arcaya.es)
| 160, 161, 200, 202, 203, 204, 205, 245, 252

Durat - www.durat.com
| 232, 233

Ee Stairs - www.eestairs.com
| 88, 89

Fabio Luciani - www.fabioluciani.it
| 384

Fritz Hansen - www.fritzhansen.com
| 186-187, 214-215, 217, 238, 239, 242, 243, 246-247, 254-255, 256, 257, 582, 584, 588, 590, 596 top,

Gallotti & Radice - www.gallottiradice.it
| 126, 168

Greek - www.greekbcn.com
| 329

Grup Gamma - www.gamma.es
| 406, 414, 415, 432, 434, 436-437, 448, 462, 463

Gunni - www.gunni.es
| 352, 358

Hoesch - www.hoesch.de
| 466-467

Imaginarte - www.imaginarte.com
| 206, 207, 222, 223, 258, 264

Krios Italia - www.kriositalia.it
| 262, 263

Lema Spa - www.lemamobili.it
| 504 top

Matteo Grassi - www.matteograssi.it
| 150

Minotti - www.minotti.it - (**Arcaya** – www.arcaya.es)
| 109 top, 132 top, 164-165

MK Kitchen - www.mkcucine.com
| 287, 301, 336, 350-351

Molteni - www.molteni.it - (**Arcaya** – www.arcaya.es)
| 115 top, 118, 167, 173, 208, 225, 488 top, 490 top, 493, 494, 497, 500, 503 bottom, 533

Move - www.move.it
| 109 bottom, 127, 544 bottom

Natuzzi - www.natuzzi.es
| 103

Nomad Home - www.nomadhome.com
| 194, 402, 403

Pedini - www.pedini.it
| 356 bottom

Poggenpohl - www.poggenpohl.de
| 191, 216, 218-219, 221, 228, 288-289, 298-299, 346-347, 360-361, 367, 368-369

Poliform - www.poliform.it
| 161

Roca - www.roca.es
| 380-381, 398, 399

Roche Bobois - www.roche-bobois.com
| 119, 199

Scavolini - www.scavolini.com
| 333, 366

Schiffini - www.schiffini.it
| 340, 345, 349, 357, 359, 363, 364-365

Silestone - www.silestone.com
| 293, 332, 334, 335

Swedese - www.swedese.se - (**Arcaya** – www.arcaya.es)
| 100, 104, 113, 114, 133, 136, 157, 169, 212

Verardo - www.verardo.it
| 480, 488 bottom, 501, 544 top

Versace Ceramic Design - www.versacecd.com
| 258-259

Vincent Sheppard - www.vincentsheppard.com
| 210-211, 230-231, 250, 251

Zanotta - www.zanotta.it
| 112, 130, 142, 143, 152, 153, 172, 195, 196, 201, 244, 492, 548

Fotos • Photo Credits • Crédits photographiques • Fotoverantwoording

Adolf Bereuter | 596 bottom

Adrián Gregorutti | 259

Alejandro Bahamón | 397

Alessandro Ciampi | 608, 630, 660

Alfonso Postigo | 647

Alvise Silenzi, Photo Lab HDG | 631, 661

Andrea Martiradonna | 5, 12, 49, 50, 52, 62, 63, 461, 468, 495, 496, 504 bottom, 517, 646,

Andreas Wagner, Margherita Spiluttini | 446

Andrew Bordwin Studio | 598, 650

Ángel Luis Baltanás | 50, 51

Antonio Corcuera | 61

Bill Timmerman | 189, 540

Bjorn Magnea | 318, 319, 425, 612,

Carlos Domínguez | 354-355, 362, 454, 652

Catherine Tighe | 657

Chris Tubbs | 583

Christopher Ott | 505

Christopher Ponceau | 613

Daiwa House Kogyo | 526

Dao Lou Zha | 622

David Frutos/Adhoc MSL | 331

David M, Joseph | 273

Dieter Leistner/Artur | 634

Dog Snower | 545

Eduard Hueber | 508, 542-543

Eduardo Consuegra, Pablo Rojas | 487

Eduardo Sánchez | 593 bottom, 602

Emilio Conti | 98

Eric Staudenmaier | 54 top

Ester Havlova | 71

Eugeni Pons | 137, 176-177, 265, 603, 604, 620, 624, 627, 636-637, 648, 653, 654 top, 655

FG+SF/Fernando Guerra | 64, 65, 430, 536

Francesca Yorke | 538

Gene Raymond Ross | 274

Gogortza & Llorella | 53, 294, 295, 423, 426, 485, 497, 518, 519, 520, 521, 524, 534-535, 589

Hiroyuki Hirai | 491

Jeff Healey | 171, 550

Joan Roig | 310 top

Jordi Miralles | 27, 68, 69, 74, 110, 111, 123, 175, 209, 224, 236, 253, 280, 282, 286, 303, 308-309, 322, 323, 327, 344, 382, 386, 408, 410-411, 417, 439, 457, 469, 510, 522-523, 525, 530, 532, 558, 559, 560, 561, 572-573, 593 top, 594, 597, 605, 610, 616, 617, 618, 625, 626, 633, 638, 651 bottom, 656

Jordi Sarrà | 16, 326, 330, 383, 385, 389, 391, 392, 400, 401, 421, 422, 445, 452, 512, 513, 514, 515, 516, 567, 569, 570

José Luis Hausmann | 285, 442, 444-445, 482, 484

José Luis Saavedra Morales | 76, 77

Juan Rodríguez | 503 top

Jürg Zimmermann | 55

Katsishisha Kida | 162

Katsuaki Furudate | 75

Keith Collie | 481

Koji Okumura | 43 bottom

Kozo Takayama | 134-135

Kudos Photographic Design | 29

Kuomin Lee | 54 bottom

Leon Chew | 146

Leven Betts Studio | 306, 307

Lovegrove Studio | 40-41

Ludger Paffrath | 537, 600

Luigi Filetici | 229, 296, 297, 455, 465

Luis Asín | 60
Luis Ros | 498-499, 586-587
Luuk Kramer | 449
Lyndon Doughs | 48, 49
M. Bozzonella | 86, 87
M3 Architects | 234-235
Marcelo Nunes | 509
Mariana Eguaras Etchetto | 240, 420
Marvin Rand | 46-47, 72, 73, 531
Mateo Piazza | 25, 277, 353
Michael Moran | 528, 607, 641
Mihail Moldoveanu | 139
Mikropolis/Ulrike Mansfeld-Frank Bayh | 356 bottom
Milo Keller | 80
Minh + Wass | 639
Mitsumasa Fujitsuka | 43 top, 44, 210 bottom, 311
Mojo Stumer Associates | 14-15
Nils Petter Dale | 57
Nuria Fuentes | 84, 85, 237, 424, 564, 691, 619, 649, 658 top
Olivier Hallot | 490 bottom, 566
Omnia-Solvi do Santos | 290, 291
Paul Smooth | 553
Paul Warchol | 124, 125, 156
Pedro D'Orey | 120-121, 170, 489
Pekka Litow | 147
Pep Escoda | 26, 549
Peter Cuypers | 66, 67, 447
Peter Guenzel |56, 314, 315
Peter Kerze | 635
Rafael Vargas | 14
Ralf Feldmaier | 12, 592
Ralph Feiner | 32
Robert Shimer & Hedrig Blesing | 562-563
Rob't Hart | 17
Ryota Atarashi, Shinkenchiku-sha | 82, 83, 345, 486
Satoshi Asakawa | 30
Scott Francis/Phil Ennis | 42
Sergio Mah | 99
Shania Shegedyn | 413, 429, 435, 502
Shannon McGrath | 281
Sharrin Rees | 132 bottom, 284
Shigeru Hiraga | 31
Shin Photo Work | 431
Simon Kenny | 511
Stan Musilek, Sharon Reindorph | 565
Susana Aréchaga/Luis Ambrós | 599
Takeshi Taira | 483
Tim Street Porter | 260-261
Tito Dalmau | 174, 506-507
Tom Bonner Photography | 621, 640
Tomaz Gregoric | 16
Trevor Mein | 328
Tuca Reinés | 78, 79, 568, 606
Undine Pröhl | 28, 122, 539, 551, 552, 628-629, 658-659
Ushida Finlay | 102
Virginia del Giudice | 13, 601, 611
W. M. Ruen | 34-35
Yael Pincus | 320, 321, 338, 478, 479, 554, 555, 643
Zapaimages-Agi Simoes | 644-645
Zapaimages-Bruno Helbling | 278, 531, 585, 614-615, 642
Zapaimages-Christian Sarramon | 529
Zapaimages-Conrad White | 546-547, 556-557
Zapaimages-Reto Guntli | 148, 279 bottom, 348, 527, 571, 632